国有企业招标投标实务与热点答疑 360 问

主编　白如银

副主编　高逸全　马　悦　徐执华

U0348659

机械工业出版社

本书坚持问题导向，聚焦当前国企招标采购实务中的热点、焦点、难点、痛点，依据国家招标投标最新法律规定、政策动向和实践创新，以招标、投标、开标、评标、定标、签订合同及投诉处理等全流程为主线，就招标投标实务问题凝结为"小案例"，以"一问一答"形式直现问题、直击难点、直接作答，在引用、阐释法律依据基础上答疑解惑，指导读者依法合规进行实操。

本书适合国企招标采购项目管理、监督、法律、审计、纪检、招标从业人员，广大供应商投标人员以及政府项目主管、监督及审计等部门的人员阅读。

图书在版编目（CIP）数据

国有企业招标投标实务与热点答疑360问 / 白如银主编. -- 北京：机械工业出版社，2024. 10. -- ISBN 978-7-111-76867-8

Ⅰ. D922.297-44

中国国家版本馆CIP数据核字第2024328SA5号

机械工业出版社（北京市百万庄大街22号　邮政编码100037）
策划编辑：关正美　　　　　　责任编辑：关正美
责任校对：樊钟英　李　婷　　封面设计：严娅萍
责任印制：单爱军
北京虎彩文化传播有限公司印刷
2024年12月第1版第1次印刷
130mm×184mm・12.625印张・232千字
标准书号：ISBN 978-7-111-76867-8
定价：69.00元

电话服务　　　　　　　　　　网络服务
客服电话：010-88361066　　机　工　官　网：www.cmpbook.com
　　　　　010-88379833　　机　工　官　博：weibo.com/cmp1952
　　　　　010-68326294　　金　书　网：www.golden-book.com
封底无防伪标均为盗版　　机工教育服务网：www.cmpedu.com

本书编委会

主　编：白如银

副主编：高逸全　　马　悦　　徐执华

参　编：曹　阳　　江　哲　　王　渊　　杨　瑾　　孙若萱
　　　　赵　倩　　沈　杰　　徐　杰　　唐维国　　高美静
　　　　郑宇洲　　黄　超　　刘　晨　　刘员媛　　苏　静
　　　　庞　凯　　曲志强　　林少敏　　张周娟秀

前　　言

　　国企采购是适用招标投标制度的重点领域，受法律严格规制、政府严格监管，社会高度关注，法律风险、合规风险、廉洁风险也较为聚集。在当前建设全国统一大市场，优化营商环境，对国企采购加强规范和监管的大背景下，有必要编写一本国企招标采购合规实务方面的著作，对招标人（国有全资、控股企业）、投标人（施工企业、服务商和货物供应商）及监管机构（行政监督部门、国资监管部门、审计机关）等多方面的疑问进行解答、提供解决方案，为国企采购决策者、管理者、参与者、监管者提供一本招标投标合规指南。

　　本书坚持问题导向，聚焦当前国企招标采购实务中的热点、焦点、难点、痛点，依据国家招标投标最新法律规定、政策动向和实践创新，以招标、投标、开标、评标、定标、签订合同及投诉处理等全流程为主线，就招标投标实务问题凝结为"小案例"，以"一问一答"的形式直现问题、直击难点、直接作答，在引用、阐释法律依据基础上答疑解惑，指导读者依法合规进行实操。

本书精选 360 个问题，篇幅适中，免得"大部头"令读者"望而生畏"。每个问题字数不多，以适应碎片化学习的需要，也尽可能增强可读性，提高读者的舒适度。"问题要旨"一句话概括问题关键所在；"问题描述"以小案例展示问题全貌；"问题解答"依据现行法律或法理解释给出答案或建议。争取文字表述不艰涩，读者一看就能懂；提出的措施既符合法理也符合常理，读者可以拿来就用。

本书"360 问"对应"360 答"，也有 360° 全方位、多维度解答各个主体、各类问题的初衷。也希望本书能给读者提供"三十六计"，为您支招献策。

本书涉及的问题来自大家，一些观点、答案也是从读者、网友的讨论中获得启发而得出的。在此感谢贡献各类鲜活问题、答案和智慧的朋友们！恳请您将本书中还没有关注的问题，或者不同的观点、答案，反馈至 449076137@qq.com，我们将在修订本书、出版续集时吸纳进来。

编者

目　　录

第二篇　招　标

第一章　招标公告 /69

第二章　资格审查 /75

第六章　违法投标 /175

第四篇 开 标

第一章 开标活动 /193

第六篇　定　标

第一章　确定中标人 /277

第五章　合同的履行 /328

第八篇 招标投标异议和投诉

附　　录

第一篇

▼

招标投标基础

招标投标活动不同层级的规范性法律文件，当不同层级规范性法律文件对同一问题有不同规定时，如何正确适用这些法律文件？

答：当不同层级规范性法律文件对同一问题有不同规定时，应当按照"上位法优于下位法、新法优于旧法、特别法优于一般法"的原则适用。

《招标投标法》（法律）的效力高于《招标投标法实施条例》（行政法规），后者主要是对前者的相关规定予以进一步具体化，增强了可操作性，并针对新情况、新问题进行了补充和完善。

《招标投标法实施条例》的效力高于部门规章，部门规章是细化和补充《招标投标法实施条例》的规定。《评标委员会和评标方法暂行规定》《工程建设项目施工招标投标办法》《工程建设项目勘察设计招标投标办法》《工程建设项目货物招标投标办法》与其存在冲突的，以《招标投标法实施条例》为准。针对具体项目类型，如《招标投标法实施条例》没有规定，而对应的部门规章在不违背上位法的情况下有完善性、补充性规定的，从其规定。如《招标投标法实施条例》第二十六条规定"投标保证金不得超过招标项目估算价的2%"，《工程建设项目施工招标投标办法》第三十七条在此基础上又增加了"但最高不得超过八十万元人民币"的限制。

规范性文件都没有具体规定时，依据诚实信用，公开、公平、公正等法律原则处理具体问题。

4. 国有企业采购是否应当执行政府采购限额标准？

问：某县巡察组巡察该县城投公司时指出，该公司货物、服务采购未执行省财政厅制定的 30 万元采购限额标准，要求予以整改，该巡察结果是否合理？

答：根据《政府采购法》第二条关于政府采购的定义，国有企业并非政府采购主体，其采购行为并不适用政府采购法律法规规定。集中采购目录及采购限额标准均为是否属于政府采购范围的判断维度，不适用于企业采购，国有企业采购不受包括采购限额标准在内的政府采购相关法律规定约束。因此，该巡察组提出的有关问题并不合理。

如国有企业采购项目属于《招标投标法》及其实施条例以及《必须招标的工程项目规定》和《必须招标的基础设施和公用事业项目范围规定》明确的依法必须进行招标项目的范围，且达到规定规模标准的，则统一适用《招标投标法》关于强制招标的有关规定。

除依法必须进行招标的工程建设项目外，国有企业可根据企业实际、当地国资委有关规定，参考政府采购限额标准制定具体的企业采购限额标准，完善相关内控管理制度。财政部《国有金融企业集中采购管理暂行规定》第十二条对此也有明确意见。

5. 国有企业招标活动是否适用国家标准《招标代理服务规范》（GB/T 38357—2019）？

问：2019 年 12 月 31 日由国家市场监督管理总局、国家标准化管理委员会正式批准发布实施的《招标代理服务规范》（GB/T 38357—2019），这是我国招标投标行业的第一部招标代理国家标准。请问国有企业招标活动是否适用该国家标准？

答：根据《标准化法》第二条规定，标准（含标准样品），是指农业、工业、服务业以及社会事业等领域需要统一的技术要求。标准包括国家标准、行业标准、地方标准和团体标准、企业标准。国家标准分为强制性标准、推荐性标准，行业标准、地方标准是推荐性标准。强制性标准必须执行。国家鼓励采用推荐性标准。

《招标代理服务规范》（GB/T 38357—2019）属于国家标准中的推荐性标准，虽然不具有强制性，但它是对招标代理行业数十年从业经验的归纳与总结，对招标代理行业和招标投标发展具有引领作用。该标准具有普遍适用性，提出的是行业的普遍性和基本性要求，从事国企招标代理业务的招标代理机构可在该标准基础上，结合本企业特点制定和执行适用于本企业招标代理业务的更为详细、严格的管理规范和工作规程，以提升招标代理服务质量、管理水平和社会信誉度。国有企业作为招标人也可在该标准基础上，根据招标项目的特点和管理需要自行约定招标代理服务内容、具体流程和服务要求，还可参照该标准制定本单位招标采购规章制度、采购文件，设计规范的招标采购流程，加强招标采购合规管理。对于《电子采购交易规范非招标方式》（GB/T 43711—2024）的适用办法同上。

6. 国有企业招标采购是否适用行业协会编制的相关招标采购技术规范？

问：为了规范招标采购，中国招标投标协会编制了《招标采购代理规范》《非招标方式采购代理服务规范》，中国物流与采购联合会编制了《国有企业采购操作规范》《国有企业服务采购操作规范》《国有企业采购管理规范》，国有企业招标采购活动是否必须适用上述规范？

答：上述技术性规范都是由行业协会组织编制的行业推荐性技术标准，根据《标准化法》，其并非强制适用于国企采购活动，国企可以参考借鉴，也可以不参考，由国企自主决定是否适用。

但也要看到，这些标准为国有企业的招标采购活动从组织设计、采购流程和管理要求等方面提供了一整套完整的方案，这两家协会还制定了《非招标方式采购文件示范文本》《国有企业采购文件示范文本》，国企可以参照制定自己的采购制度、采购文件，规范自己的采购流程、采购行为，建立自己的采购内控体系和操作规范。

7. 招标投标活动要求的"书面形式"具体是指哪些形式?

问:某国企采购项目招标公告明确"投标人的澄清、说明应采用书面形式发送给招标人",这里的"书面形式"具体是指哪些形式?

答:"书面形式"包括信件、电报、电传、传真、电子数据交换、电子邮件等。

《民法典》第四百六十九条规定:"当事人订立合同,可以采用书面形式、口头形式或者其他形式。书面形式是合同书、信件、电报、电传、传真等可以有形地表现所载内容的形式。以电子数据交换、电子邮件等方式能够有形地表现所载内容,并可以随时调取查用的数据电文,视为书面形式。"上述第二款属于确定的书面形式,第三款属于拟制的书面形式(准书面形式),两种形式均属于招标投标这种民事法律行为适用的相关法律法规要求的"书面形式"。

8. 招标投标审计的法律依据有哪些?

问:国有企业招标活动经常接受外部审计,也会开展内部专项审计,那么请问招标投标审计的法律依据主要有哪些?

答:在招标投标审计时,审计人员一般主要收集以下与招标投标过程有关的法律法规,并以此作为审计依据:

(1)法律。主要是《审计法》《民法典》《招标投标法》

《建筑法》等法律。

（2）行政法规。主要是《招标投标法实施条例》《优化营商环境条例》等行政法规。

（3）部门规章。主要有《〈标准施工招标资格预审文件〉和〈标准施工招标文件〉暂行规定》《必须招标的工程项目规定》《公共资源交易平台管理暂行办法》《工程建设项目勘察设计招标投标办法》《工程建设项目施工招标投标办法》《工程建设项目货物招标投标办法》《工程建设项目自行招标试行办法》《工程监理企业资质管理规定》《建筑业企业资质管理规定》《电子招标投标办法》等。

（4）规范性文件。主要有《必须招标的基础设施和公用事业项目范围规定》（发改法规规〔2018〕843 号）、《国家发展改革委办公厅关于进一步做好〈必须招标的工程项目规定〉和〈必须招标的基础设施和公用事业项目范围规定〉实施工作的通知》（发改办法规〔2020〕770 号）、《国家发展改革委等部门关于严格执行招标投标法规制度进一步规范招标投标主体行为的若干意见》（发改法规规〔2022〕1117 号）、《国家发展改革委等部门关于完善招标投标交易担保制度进一步降低招标投标交易成本的通知》（发改法规〔2023〕27 号）、《国家发展改革委办公厅等关于开展工程建设招标投标领域突出问题专项治理的通知》（发改办法规〔2023〕567 号）、《工业和信息化部　国家发展改革委　国务院国资委关于支持首台（套）重大技术装备平等参与企业招标投标活动的指导意见》(工信部联重装〔2023〕127号)、《国家发展改革委办公厅关于规范招标投标领域信用评价应用的通知》(发改办财金〔2023〕860号)以及其他相关的规范性文件。

还有《最高人民法院关于审理建设工程施工合同纠纷案件适用法律问题的解释(一)》(法释〔2020〕25号)、《最高人民法院关于适用〈中华人民共和国民法典〉合同编通则若干问题的解释》(法释〔2023〕13号)以及相关司法政策文件,也都可以作为招标投标审计的依据。

9.《招标投标法实施条例》第九条第(二)项规定的"采购人"是否包含采购人的子公司?

问:《招标投标法实施条例》第九条规定:"除招标投标法第六十六条规定的可以不进行招标的特殊情况外,有下列情形之一的,可以不进行招标:……(二)采购人依法能够自行建设、生产或者提供……"其中"采购人依法能够自行建设、生产或提供"如何理解?这里的"采购人"是否包含采购人的子公司?

答:对于《招标投标法实施条例》第九条第(二)项有关"采购人依法能够自行建设、生产或者提供"的规定,应符合以下相关要求:

(1)采购人是指符合民事主体资格的法人或者其他组织,不包括与其相关的母公司、子公司,以及与其具有管理或利害关系,具有独立民事主体资格的法人、其他组织。

（2）采购人自身具有工程建设、货物生产或者服务提供的资质和能力。

（3）采购人不仅要具备相应的资质和能力，还应当符合法定要求，对于依照法律、法规规定采购人不能自己同时承担的工作事项，采购人应当进行招标。

本条规定中的"采购人"是指项目投资人本身，而不是投资人委托的其他项目业主，否则若任何项目通过委托有资质能力的项目业主即可不进行招标，将使招标投标制度流于形式。

10. 如何理解《招标投标法实施条例》第七十条中"规定"的范围？

问：《招标投标法实施条例》第七十条规定："依法必须进行招标的项目的招标人不按照规定组建评标委员会，……"该条款中的"规定"除了法律、法规的规定，是否包括规范性文件、招标文件的规定？

答：《招标投标法实施条例》第七十条中的"规定"指的是对依法组建评标委员会的法定要求，主要包括《招标投标法》《招标投标法实施条例》以及《评标委员会和评标方法暂行规定》等部门规章、行政规范性文件，不包括招标文件。

11. 如何理解《必须招标的工程项目规定》中的"单项合同估算价"？

问：《必须招标的工程项目规定》中提到"勘察、设计、监理等服务的采购，单项合同估算价在 100 万元人民币以上，必须招标"。此处的"单项合同估算价"如何理解，是否指的是收费标准测算后且未下浮的金额或无收费标准经市场询价后未下浮的金额？

答：《必须招标的工程项目规定》中的"单项合同估算价"，指的是采购人根据初步设计概算、有关计价规定和市场价格水平等因素合理估算的项目合同金额。没有计价规定的情况下，采购人可以根据初步设计概算的工程量，按照市场价格水平合理估算项目合同金额。

12. 对国家发改委第16号令及发改办法规〔2020〕770号文中"国有企业"及"占控股或者主导地位"如何理解？

问：《必须招标的工程项目规定》国家发改委第二条规定："全部或者部分使用国有资金投资或者国家融资的项目包括：……（二）使用国有企业事业单位资金，并且该资金占控股或者主导地位的项目。"

（1）上述规定的"国有企业"仅是指国有全资企业还是也包括国有控股企业？

（2）发改办法规〔2020〕770 号文"第（二）项中'占控股或者主导地位'，参照《公司法》第二百一十六条○关于

○　现为 2023 年 12 月 29 日第十四届全国人大常委会第七次会议表决通过新修订的《公司法》第 265 条，下同。——编者注

控股股东和实际控制人的理解执行，即'……出资额或者持有股份的比例虽然不足百分之五十，但依其出资额或者持有的股份所享有的表决权已足以对股东会、股东大会的决议产生重大影响的股东'……"应当如何理解？是否指国有企业依其投入项目的资金所享有的表决权已足以对有关项目建设的决议产生重大影响这一情形？例如，在一个国有控股企业（国有股权51%）和外资企业共同投资的工程建设项目中，国有控股企业出资60%，外资企业出资40%，虽然该项目不属于国有企业投入项目的资金按国有股权的比例折算后的资金占项目总资金的50%以上的情形，但国有控股企业由于其出资占整个项目投资的60%，其所享有的表决权已足以对有关项目建设的决议产生重大影响，所以该项目仍然属于必须招标的项目？

答：关于问题（1），"使用国有企业事业单位资金"中的"国有企业"也包括国有控股企业。

关于问题（2），《国家发展改革委办公厅关于进一步做好〈必须招标的工程项目规定〉和〈必须招标的基础设施和公用事业项目范围规定〉实施工作的通知》（发改办法规〔2020〕770号）规定，《必须招标的工程项目规定》第（二）项中"占控股或者主导地位"，参照《公司法》第二百六十五条关于控股股东和实际控制人的理解执行，即"其出资额占有限责任公司资本总额超过百分之五十或者其持有的股份占股份有限公司股本总额超过百分之五十的股东；出资额或者持有股份的比例虽然低于百分之五十，但依其出资额或者持有的股份所享有的表决权已足以对股东会、股东大会的决议产生重大影响的股东"。具体到本案例中，该项目中国有资金所享有的表决权已足以对有关项目建设的决议产生重大影响，属于"国有资金占主导地位"，如其勘察、设计、施工、监理以及与工程建设有关的重要设备、材料等的单项采购分别达到《必须招标的工程项目规定》第五条规定的相应单项合同价估算标准的，该单项采购必须招标。

13. 电子招标投标活动中，当数据电文与纸质文件规定不一致时，何者效力优先？

问：一个水利施工项目进行电子招标投标，发现该项目电子招标文件和纸质文件对于同一评标标准的分值权重规定不同，且根据两种分值权重分别计算后的第一名也有所不同，请问该如何处理？

答：《电子招标投标办法》第二条赋予了数据电文形式与纸质形式文件以同等法律效力。为防止电子投标文件解密失败，招标文件往往要求同时提交纸质投标文件，以确保招标投标活动顺利进行。

当电子数据文件与纸质文件不一致时，根据《电子招标投标办法》第六十二条规定："电子招标投标某些环节需要同时使用纸质文件的，应当在招标文件中明确约定；当纸质文件与数据电文不一致时，除招标文件特别约定外，以数据电文为准。"因此，招标文件应当对是否同时提供纸质文件，以及纸质文件与数据电文的效力优先问题作出明确要求；若无特别约定，当二者内容不一致时，则以数据电文为准。

《工程建设项目施工招标投标办法》第十五条第二款、《工程建设项目货物招标投标办法》第十四条第二款均规定："招标人可以通过信息网络或者其他媒介发布招标文件，通过信息网络或者其他媒介发布的招标文件与书面招标文件具有同等法律效力，出现不一致时以书面招标文件为准，国家另有规定的除外。"但因这两部规章出台时间早于《电子招标投标办法》，故依据《立法法》第九十二条"新的规定与旧的规定不一致的，适用新的规定"，除招标文件特别约定不一致时以纸质文件为准外，均应以数据电文相关规定内容为准认定。

14. 《工程建设项目施工招标投标办法》第八条第（四）项"有招标所需的设计图纸及技术资料"的条文如何理解？

问：《工程建设项目施工招标投标办法》第八条第（四）项"有招标所需的设计图纸及技术资料"中的"设计图纸"是指什么设计深度的图纸，初步设计图纸还是施工图设计图纸？在施工图设计文件未经审查批准时，工程建设项目采用初步设计图纸招标是否符合该条规定？

答：根据《建设工程勘察设计管理条例》第二十六条规定，编制初步设计文件，应当满足编制施工招标文件、主要设备材料订货和编制施工图设计文件的需要。编制施工图设计文件，应当满足设备材料采购、非标准设备制作和施工的需要，并注明建设工程合理使用年限。《工程建设项目施工招标投标办法》对"设计图纸"的设计深度未作具体规定，招标人可根据项目所属行业的有关规定以及项目实际需要采用初步设计图纸或施工图设计文件进行招标。

15. 国有企业应按照什么规定选聘会计师事务所？

问：某国企拟采用公开招标选聘会计师事务所开展财务审计，招标文件中有如下规定：一是参照政府采购制度就审计费用得分采用"低价优先法"；二是审计费用得分权重设定为 30%；三是通过审查的合格投标人只有两家时，可以就这两家进行竞争性谈判，以审计费用最后报价较低者成交。上述规定存在哪些问题？

答：上述三项规定与财政部、国务院国资委、证监会印发的《国有企业、上市公司选聘会计师事务所管理办法》（财会〔2023〕4 号）存在冲突，应当及时修改相关要求。

国有企业和上市企业并非《政府采购法》规定的采购主体，在选聘会计师事务所开展财务审计时，由于服务本身的差异化、非标准化，加上具体服务人员的能力、经验、职务、资质资格等不同，人员使用等成本更不尽相同，不应以价格作为关键因素。本案例要求审计费用得分采用"低价优先法"，并将审计费用得分权重设定为 30% 不妥，与《国有企业、上市公司选聘会计师事务所管理办法》（财会〔2023〕4号）规定的"应当将满足选聘文件要求的所有会计师事务所审计费用报价的平均值作为选聘基准价"和"审计费用报价的分值权重应不高于15%"存在冲突。在不属于政府采购范围而不受"低价优先法"约束的前提之下，"一刀切"式的参照政府采购有关规定，有失偏颇。

同时，《国有企业、上市公司选聘会计师事务所管理办法》（财会〔2023〕4号）明确了国有企业和上市企业选聘会计师事务所的基本方式、程序、信息公开以及评价规则和要素。评价要素，至少应当包括审计费用报价、会计师事务所的资质条件、执业记录、质量管理水平、工作方案、人力及其他资源配备、信息安全管理、风险承担能力水平等。据此，选聘文件中须根据评价要素明确具体评分标准，选聘时应对每个有效的应聘文件单独评价、打分，然后汇总各评价要素的得分。其中，质量管理水平的分值权重应不低于40%。本案例中关于两次选聘因合格竞争者只有两家而规定的应对措施（调整为两家竞争性谈判），在仍有足够竞争的前提下并不违反规定，但不应以通过相关审查后简单的报价比拼为主导因素，在评价方式上由综合评分调整为以审计费用最后报价高低决定成交者并不妥当。

16. 国企招标采购是否必须进入公共资源交易中心？

问：某巡视组在D市开展市属国企巡视巡察时，提出该市乡村振兴集团有限公司的大批货物、服务采购均未进入当地公共资源交易中心交易。请问该行为是否违背"应进必进"原则？

答："应进必进"指的是已列入公共资源交易目录的项目应当进入平台体系。国企采购在未列入公共资源交易目录的前提下，是否进入公共资源交易平台由相关国企自行决定。

我国整合公共资源交易平台的原则之一即建立交易目录清单制，实行清单内公共资源平台交易全覆盖，做到"平台之外无交易"。《公共资源交易平台管理暂行办法》第八条规定："依法必须招标的工程建设项目招标投标、国有土地使用权和矿业权出让、国有产权交易、政府采购等应当纳入公共资源交易平台。"另依据国家发展和改革委员会公布的《全国公共资源交易目录指引》，目前国企采购并不在国家层面明确的目录清单之列，具体是否应当进入公共资源交易平台，须以各地区主管部门制定的公共资源交易目录拓展内容为准进行判断。

17. 取消资质的相关规定出台后，能否溯及既往判断招标投标行为合法与否？

问：2021年3月，招标人A就某工程项目的全过程造价咨询服务公开招标，并在招标文件中规定，将投标人具有造价咨询资质作为投标人资格条件。2021年5月公示投标人B为中标候选人。2021年6月，国务院发文取消造价咨询资质的审批，此时不具有造价咨询资质的投标人 C 认为，招标人 A 当初将该资质作为资格条件导致自己投标被否决，其行为违反法律规定，以此为由对招标人 A 进行投诉。那么投标人 C 的说法是否正确？

答：不正确。

《立法法》第九十三条规定："法律、行政法规、地方性法规、自治条例和单行条例、规章不溯及既往，但为了更好地保护公民、法人和其他组织的权利和利益而作的特别规定除外。""法不溯及既往"是法律适用的一项基本原则，通俗来讲是指今天的法律规定不能约束昨天的行为。本案例中，造价咨询资质取消的规定于 2021 年 6 月发布，而招标项目开始于 2021 年 3 月，对招标人来说，其根本无法预知造价咨询资质会在 2021 年 6 月被取消，其依据当时造价咨询资质相关法律规定设定投标人资格条件并据此否决投标人 C 的投标，于法有据。因此，取消该资质的规定并不能约束本次招标项目，投标人 C 的说法没有法律依据。

第二章 强制招标制度

18. 工程总承包项目招标规模标准如何确定？

问:《必须招标的工程项目规定》规定了必须招标工程建设项目的规模标准，但是没有规定工程总承包项目的必须招标的规模标准，请问工程总承包项目依法必须进行招标的规模标准是什么？

答:国家发展改革委办公厅《关于进一步做好〈必须招标的工程项目规定〉和〈必须招标的基础设施和公用事业项目范围规定〉实施工作的通知》（发改办法规〔2020〕770号）关于总承包招标的规模标准明确规定，对于《必须招标的工程项目规定》第二条至第四条规定范围内的项目，发包人依法对工程以及与工程建设有关的货物、服务全部或者部分实行总承包发包的，总承包中施工、货物、服务等各部分的估算价中，只要有一项达到《必须招标的工程项目规定》第五条规定相应标准，即施工部分估算价达到400万元以上，或者货物部分达到200万元以上，或者服务部分达到100万元以上，则整个总承包发包应当招标。

19. 国有施工企业承包工程后采购货物是否必须招标？

问：请问《必须招标的工程项目规定》第五条所称的"与工程建设有关的重要设备、材料等的采购"是否包括国有施工企业采购非甲供物资？国有施工企业承接符合该规定第二条至第四条的工程建设项目后，采购重要设备、材料，是否必须招标？

答：不属于依法必须招标项目。

根据《招标投标法实施条例》第二十九条规定，招标人可以依法对工程以及与工程建设有关的货物、服务全部或者部分实行总承包招标。以暂估价形式包括在总承包范围内的工程、货物、服务属于依法必须进行招标的项目范围且达到国家规定规模标准的，应当依法进行招标。《国务院办公厅关于促进建筑业持续健康发展的意见》（国办发〔2017〕19号）规定，除以暂估价形式包括在工程总承包范围内且依法必须进行招标的项目外，工程总承包单位可以直接发包总承包合同中涵盖的其他专业业务。《房屋建筑和市政基础设施项目工程总承包管理办法》第二十一条规定，工程总承包单位可以采用直接发包的方式进行分包。但以暂估价形式包括在总承包范围内的工程、货物、服务分包时，属于依法必须进行招标的项目范围且达到国家规定规模标准的，应当依法招标。据此，国有工程总承包单位可以采用直接发包的方式进行分包，但以暂估价形式包括在总承包范围内的工程、货物、服务分包时，属于依法必须进行招标的项目范围且达到国家规定规模标准的，应当依法招标。

20. 将设计分成初步设计、方案设计、施工图设计三个阶段，每个阶段预算50万元，还是否需要招标？

问：某国企计划将某建设工程设计分成初步设计、方案设计、施工图设计三个阶段，每个阶段预算 50 万元，分别招标金额均达不到必须招标金额，请问这种情形每个设计阶段是否可以不招标？

答：按照《必须招标的工程项目规定》第五条第二款规定，同一项目中可以合并进行的勘察、设计、施工、监理以及与工程建设有关的重要设备、材料等的采购，合同估算价合计达到前款规定标准的，必须招标。《国家发展改革委办公厅关于进一步做好〈必须招标的工程项目规定〉和〈必须招标的基础设施和公用事业项目范围规定〉实施工作的通知》（发改办法规〔2020〕770 号）规定："同一项目中可以合并进行"，是指根据项目实际，以及行业标准或行业惯例，符合科学性、经济性、可操作性要求，同一项目中适宜放在一起进行采购的同类采购项目。本案例中同一项目各阶段设计合并计算合同估算价已超过 100 万元，建议进行招标，避免"化整为零"规避招标。

21. 与工程建设相关的可行性研究报告、施工图审查、造价咨询、环评等服务采购项目应否招标？

问：工程建设项目除勘察、设计、监理以外，和工程建设相关的服务包括项目建议书、可行性研究报告、施工图审查、造价咨询、第三方检测、工程检测、环评等服务项目，单项估算价超过 100 万元的，是否应当招标？

答：《招标投标法实施条例》第二条定义了必须进行招标的工程建设项目范围，其中工程建设有关的服务，是指为完成工程所需的勘察、设计、监理等服务，并未明确包含工造价咨询、可行性研究等工程服务。《国家发展改革委办公厅关于进一步做好〈必须招标的工程项目规定〉和〈必须招标的基础设施和公用事业项目范围规定〉实施工作的通知》（发改办法规〔2020〕770 号）规定，依法必须招标的工程建设项目范围和规模标准，应当严格执行《招标投标法》第三条和《必须招标的基础设施和公用事业项目范围规定》规定；法律、行政法规或者国务院对必须进行招标的其他项目范围有规定的，依照其规定。没有法律、行政法规或者国务院规定依据的，对《必须招标的工程项目规定》第五条第一款第（三）项中没有明确列举规定的服务事项、《必须招标的基础设施和公用事业项目范围规定》第二条中没有明确列举规定的项目，不得强制要求招标。国家发展和改革委员会法规司《关于对招标投标法相关法律法规执行问题的复函》也明确规定，关于《必须招标的工程项目规定》第五条第（三）项列举的三项之外的其他服务，包括可行性研究、规划、环评、代建、项目管理、造价咨询、全过程咨询、工程检测等，且单项合同估算价在规模标准以上的，是否必须进行招标，按照"法无授权不可为"的原则，对《必须招标的工程项目规定》中没有明确列举规定必须招标的服务事项，不宜强制要求招标。故《必须招标的工程项目规定》第五条第（三）列举的三项之外的其他服务，包括可行性研究、规划、环评、代建、项目管理、造价咨询、全过程咨询、工程检测等，尽管单项合同估算价在规模标准以上，也并不属于依法必须进行招标的项目范围，采购人有权自主选择是否通过招标程序选择项目管理等服务单位。

22. 与建筑物和构筑物新建、改建、扩建无关的1000万元装修工程是否必须招标？

问：国有企业与建筑物和构筑物新建、改建、扩建无关的单独的 1000 万元装修工程，是不是属于必须招标项目？

答：国务院法制办秘书行政司《对政府采购工程项目法律适用及申领施工许可证问题的答复》（国法秘财函〔2015〕736 号）规定："按照《招标投标法实施条例》第二条的规定，建筑物和构筑物的新建、改建、扩建及其相关的装修、拆除、修缮属于依法必须进行招标的项目。据此，与建筑物和构筑物的新建、改建、扩建无关的单独的装修、拆除、修缮不属于依法必须进行招标的项目。政府采购此类项目时，应当按照《政府采购法实施条例》第二十五条的规定，采用竞争性谈判或者单一来源方式进行采购。依法通过竞争性谈判或者单一来源方式确定供应商的政府采购建设工程项目，符合《建筑法》规定的申请领取施工许可证条件的，应当颁发施工许可证，不应当以未进入有形市场进行招标为由拒绝颁发施工许可证。"据此，本案例中的装修工程项目不属于依法必须招标项目。

23. 施工单项合同估算价为310万元的工程项目是否必须招标？

问：根据《必须招标的工程项目规定》第二条第（一）项规定，使用预算资金 200 万元以上，并且该资金占投资额 10% 以上的项目属于必须招标范围。《必须招标的工程项目规定》第五条第一款第（一）项规定，施工单项合同估算价在 400 万元以上的必须招标。请问：如果某一改扩建项目总投资 360 万元，资金来源全部为企业资金，仅有一个施工合同，施工合同额 310 万元。如果按照《必须招标的工程项目规定》第二条第（一）项规定，该项目属于必须招标范围，按照《必须招标的工程项目规定》第五条第一款第（一）项按施工合同额衡量未在必须招标限额以上，那么该项目施工是否在必须招标范围内？

答：《国家发展改革委办公厅关于进一步做好〈必须招标

的工程项目规定〉和〈必须招标的基础设施和公用事业项目范围规定〉实施工作的通知》（发改办法规〔2020〕770号）规定，《必须招标的工程项目规定》第二条至第四条及《必须招标的基础设施和公用事业项目范围规定》第二条规定范围的项目，其勘察、设计、施工、监理以及与工程建设有关的重要设备、材料等的单项采购分别达到《必须招标的工程项目规定》第五条规定的相应单项合同价估算标准的，该单项采购必须招标；该项目中未达到前述相应标准的单项采购，不属于《必须招标的工程项目规定》规定的必须招标范畴。您所咨询的项目施工单项合同估算价为310万元，在400万元以下，不属于《必须招标的工程项目规定》规定的必须招标范畴。

24. 同一材料采购划分多个标包都未达到200万元可否不招标？

问：某单位是国企，投资建设某公路工程，需要采购某主要材料，共分为5个标包，每个标包估算价约190万元，如果5个标包一起采购签署一个采购合同，合同金额1000余万元左右就需要招标，如果5个标段分别采购、分别签署采购合同，每个标包金额都不会超过200万元，不需要招标，这样做有无合规风险？

答：5个标包需要进行招标。

《招标投标法》第三条规定了必须招标的工程项目范围，第四条禁止任何单位和个人将依法必须进行招标的项目化整为零或者以其他任何方式规避招标，以免使强制招标制度落空。《国家发展改革委等部门关于严格执行招标投标法规制度进一步规范招标投标主体行为的若干意见》（发改法规规〔2022〕1117 号）强调要严格执行强制招标制度，不得以支解发包、化整为零、招小送大、设定不合理的暂估价或者通过虚构涉密项目、应急项目等形式规避招标。《国家发展改革委办公厅关于进一步做好〈必须招标的工程项目规定〉和〈必须招标的基础设施和公用事业项目范围规定〉实施工作的通知》（发改办法规〔2020〕770 号）规定，《必须招标的工程项目规定》第五条规定的"同一项目中可以合并进行的勘察、设计、施工、监理以及与工程建设有关的重要设备、材料等的采购，合同估算价合计达到前款规定标准的，必须招标"，目的是防止发包方通过化整为零方式规避招标。其中"同一项目中可以合并进行"，是指根据项目实际，以及行业标准或行业惯例，符合科学性、经济性、可操作性要求，同一项目中适宜放在一起进行采购的同类采购项目。按照该规定，本案例中某工程施工需要采购同一主要材料，不管划分几个标包采购，都应合并计算其采购金额为 1000 万元左右，已达到了必须招标的规模标准，各标包都应当进行招标。

25. 专业分包工程中的材料暂估价超过200万元，是否必须招标？

问：某全部使用国有资金投资的建筑工程项目，业主采用公开招标方式选择施工总承包商，施工总承包合同中包含装饰工程暂估价1.5亿元。后经业主与总承包单位联合招标，装饰工程由某装饰公司中标，这其中又包含石材材料暂估价300万元，那么装饰工程中的石材采购必须招标吗？

答：必须招标。

《招标投标法实施条例》第二十九条规定："以暂估价形式包括在总承包范围内的工程、货物、服务属于依法必须进行招标的项目范围且达到国家规定规模标准的，应当依法进行招标。前款所称暂估价，是指总承包招标时不能确定价格而由招标人在招标文件中暂时估定的工程、货物、服务的金额。"暂估价项目必须招标的规定同样适用于以暂估价形式包括在分包工程招标范围内的货物。这符合暂估价的本质。"暂估价"是招标人在招标时暂时估定的金额，由招标人在招标文件中给出，投标人不加修改地引用，在招标投标活动中，暂估价实质上没有经过招标竞争，所以当暂估价符合依法必须招标标准时，应当进行招标。

26. 采购石油产品，当地只有两家公司的加油站，能否不招标？

问：某项目在较偏远的地方，只有两家公司的加油站，那么采购柴油需不需要招标，还是直接通过三重一大集体决策就可以直接签合同？审计是否会定为应招未招？

答："应招未招"指的是依法必须招标项目没有招标；对

于非依法必须招标项目而言，不存在该说法。根据《招标投标法》第三条的规定，本案例中的公司采购柴油，不属于依法必须招标的项目。但《企业国有资本与财务管理暂行办法》要求"企业大宗原辅材料或商品物资的采购、固定资产的购建和工程建设一般应当按照公开、公正、公平的原则，采取招标方式进行。"因此，对国企来说，大宗物资采购具备竞争条件的，建议首先采取招标这种方式采购。

27. 母公司能否将其依法必须招标的工程直接发包给有资质的全资子公司？

问：某国企甲公司有一项 3000 万元的新建厂房设备安装工程项目，资金自筹，是否可以不进行招标，直接发包给其具有相应设备安装资质的全资子公司？

答：根据《招标投标法》第三条，《必须招标的工程项目规定》第二条、第五条规定，因甲公司该设备安装工程全部使用国有资金，且远远超过 200 万元，属于依法必须招标的项目，应当通过招标方式进行发包，而不能直接发包给其全资子公司，与其签订合同。

28. 建设单位能够自行建设的项目是否可以采用直接发包的方式发包给自己的子公司？

问：某依法必须招标的项目，建设单位依法能够自行建设，根据《招标投标法实施条例》第九条第二项规定，可以不招标，于是建设单位决定自己不亲自组织建设，是否可以将该项目全部工作发包给自己的子公司？

答：建设单位不能将该项目全部工作直接发包给自己的子公司。

《招标投标法实施条例》第九条第（二）项规定："采购人依法能够自行建设、生产或者提供的可以不进行招标"，此处的"采购人"一般指的是采购人"自身"，并不包括其子公司、母公司等，所谓"自行"是指采购人自主实施，自行设计、生产或者提供而不依靠外力。如果建设单位直接发包给自己的子公司，那么所谓的"自行建设"无从谈起，《招标投标法实施条例》第九条第（二）项规定自然不能适用。对于该依法必须招标的项目，仍必须采用招标的方式进行发包，不可以直接发包给自己的子公司，否则属于应当招标而未招标的"规避招标"行为。

同理，建设单位也不能将依法必须招标的项目不经招标直接发包给其母公司。

29. 国有企业可以将工程项目直接发包给"兄弟公司"吗？

问：国有公司 A 与 B 都是甲公司的子公司。A 公司可以不通过招标投标，将工程项目直接发包给 B 公司施工吗？

答：要区分 A 公司工程项目是否属于《招标投标法》《必须招标的工程项目规定》规定的必须招标的工程项目。如果属于必须招标范围内的项目，需严格执行招标投标程序。不属于必须招标项目的，可以依据本企业规章制度，选择直接发包或采取非招标采购方式发包给其"兄弟公司"或者其他公司。

30. 招标方式已核准为公开招标但实际实施过程中监理估算合同价不足100万元，还是否需要招标？

问：根据项目立项批复文件，某工程监理项目的招标方式核准为公开招标，但在实际实施过程中，该项目的监理估算合同价不足 100 万元。请问，该监理项目还需要公开招标吗？

答：《招标投标法实施条例》第七条规定，按照国家有关规定需要履行项目审批、核准手续的依法必须进行招标的项目，其招标范围、招标方式、招标组织形式应当报项目审批、核准部门审批、核准。项目招标方案核准批复中该监理项目的招标方式核准为公开招标，在项目招标方案核准批复未变更的情形下，应按照项目批复执行。

31. 抢险救灾工程项目不进行招标是否合法？

问：某市发生特大泥石流灾害导致某国企生产车间、办公楼、职工宿舍楼、食堂等建筑物受损，必须抢时间实施一批灾后活动板房等的工程施工项目，直接确定了施工承包单位。请问该行为是否违反《招标投标法》？

答：抢险救灾工程项目是指因突发事件引发，造成或者可能造成严重危害，必须立即采取措施的工程项目。《招标投标法》第六十六条规定，涉及抢险救灾或者属于利用扶贫资金实行以工代赈、需要使用农民工等特殊情况，不适宜进行招标的项目，按照国家有关规定可以不进行招标。《工程建设项目施工招标投标办法》第十二条第（一）项也规定，依法必须进行施工招标的工程建设项目，涉及国家安全、国家秘密、抢险救灾或者属于利用扶贫资金实行以工代赈需要使用农民工等特殊情况，不适宜进行招标的，可以不进行施工招标。因此，本案例中的抢险救灾工程项目，未经招标直接确定承包单位，符合上述可以不招标的情形。

32. 国有装修公司自建大楼，建筑主体工程进行招标，装饰装修工程可以自行建设吗？

问：某国有装修公司自建办公大楼，因其仅具备建筑装饰装修工程二级资质，故打算将工程主体发包给某建筑公司完成，室内装饰装修工程自行完成。装修公司的上述做法正确吗？

答：装修公司的做法没有问题。

根据《招标投标法实施条例》第九条第二项规定：采购人依法能够自行建设、生产或者提供，可以不进行招标，故本案例中，该装修公司具备装饰装修工程的施工资质和施工能力，其室内装饰装修工程可自行建设，不必招标。

33. 在建工程的附属工程能否不进行招标?

问:某国企厂房建设主体工程已经招标,在实施过程中,又新增加一项附属设施土建及设备安装工程,预算 500 万元,招标人考虑到该新增附属工程与在建主体工程交叉作业,存在安全隐患,管理上也比较麻烦,且再进行一次招标费时费力,故计划将该新增附属工程项目直接发包给原主体工程中标人实施,是否合法?

答:符合法律规定。

根据《招标投标法实施条例》第九条第一款第(四)项规定,需要向原中标人采购工程、货物或者服务,否则将影响施工或者功能配套要求的,可以不进行招标。《工程建设项目施工招标投标办法》第十二条也规定:"依法必须进行施工招标的工程建设项目,在建工程追加的附属小型工程或者主体加层工程,原中标人仍具备承包能力,并且其他人承担将影响施工或者功能配套要求的,可以不招标。"因此,本案例中的新增加附属工程可以依据上述规定直接交给原主体工程的中标人承担。

34. 涉密工程建设项目不适宜招标的可以不招标吗?

问:某军工企业一涉密工程需要开工建设,经相关部门核定为涉及国家秘密工程,请问该情形是否应当招标?

答:涉密工程不适宜进行招标的,依法可以不招标。

《招标投标法》第六十六条规定："涉及国家安全、国家秘密、抢险救灾或者属于利用扶贫资金实行以工代赈、需要使用农民工等特殊情况，不适宜进行招标的项目，按照国家有关规定可以不进行招标。"涉及国家涉密的工程项目因为不能详细透露工程的相关信息，不能满足招标的公开性要求，不宜让众多投标人知道相应的信息，故本案例中涉密工程建设项目不适宜招标的，项目建设单位可以不招标。

35. 涉及企业商业秘密的项目是否可以不进行招标？

问：某公司有一项工程项目需要采购的设备涉及企业商业秘密，是否属于可以不进行招标的情形？

答：按照《招标投标法》第六十六条规定，涉及国家安全、国家秘密、抢险救灾或者属于利用扶贫资金实行以工代赈、需要使用农民工等特殊情况，不适宜进行招标的项目，按照国家有关规定可以不进行招标。

从该条规定来看，法律并未规定涉及商业秘密的项目可以不进行招标。那么，"商业秘密"是否属于"国家秘密"呢？《保守国家秘密法》第二条规定，国家秘密是关系国家安全和利益，依照法定程序确定，在一定时间内只限一定范围的人员知悉的事项。而根据《反不正当竞争法》第九条规定，商业秘密是指不为公众所知悉、具有商业价值并经权利人采取相应保密措施的技术信息、经营信息等商业信息。

显而易见，国家秘密和商业秘密是两个不同的概念，商业秘密不能简单地等同于国家秘密。商业秘密在特定情况下有可能成为国家秘密，即经国家保密行政管理部门确定为国家秘密。

综上所述，涉及企业商业秘密的项目不属于法律规定的可以不进行招标的情形，但商业秘密被确定为国家秘密的除外。

36. 将依法必须进行招标的暂估价项目进行拆分是否属于规避招标？

问：某国有施工企业中标一依法必须进行招标的工程总承包项目，该总承包项目中包含 250 万元设备采购暂估价项目，招标人与该国有企业计划将此暂估价项目均拆成两个 125 万元采购包以竞争性谈判方式进行采购，该行为是否属于规避招标？

答：该行为"化整为零"，属于规避招标。

《招标投标法》第四条规定："任何单位和个人不得将依法必须进行招标的项目化整为零或者以其他任何方式规避招标。"《招标投标法实施条例》第二十九条规定："招标人可以依法对工程以及与工程建设有关的货物、服务全部或者部分实行总承包招标。以暂估价形式包括在总承包范围内的工程、货物、服务属于依法必须进行招标的项目范围且达到国家规定规模标准的，应当依法进行招标。"《必须招标的工程项目规定》第五条第（二）项规定"重要设备、材料等货物的采

〔2022〕1117 号）的规定，还需要在实施采购前公示依法不进行招标的具体理由和法律法规依据。

39. 国有企业工程建设项目"未核先招"可能面临什么样的风险？

问：实践中一些必须报经核准的工程项目，由于工期紧等原因，在未经政府部门核准的情况下先行组织招标投标活动，请问这种"未核先招"的行为可能面临什么样的风险？

答：《招标投标法实施条例》第七条规定："按照国家有关规定需要履行项目审批、核准手续的依法必须进行招标的项目，其招标范围、招标方式、招标组织形式应当报项目审批、核准部门审批、核准。项目审批、核准部门应当及时将审批、核准确定的招标范围、招标方式、招标组织形式通报有关行政监督部门。"《工程建设项目申报材料增加招标内容和核准招标事项暂行规定》第六条规定："经项目审批、核准部门审批、核准，工程建设项目因特殊情况可以在报送可行性研究报告或者资金申请报告、项目申请报告前先行开展招标活动，但应在报送的可行性研究报告或者资金申请报告、项目申请报告中予以说明。"招标人应当先办理项目核准手续再招标，但目前招标投标法律法规及部门规章均未对"未核先招"规定相应法律责任。

需要指出的是，办理核准手续是《招标投标法》明确规定的开展招标活动的条件，"未核先招"在性质上仍属不符合法律规定的行为，可能导致无法与中标人签订合同、影响合同履行等法律风险。

40. 国有企业规避招标、未招先建、泄露标底应承担什么法律后果？

问：某国有企业办公大楼施工项目招标，为加快施工进度，未招标先开工建设。为了保证建设单位中标，后又将该项目的标底透露给建设单位，该企业应承担何种法律责任？

答：《招标投标法》第四十九条规定："违反本法规定，必须进行招标的项目而不招标的，将必须进行招标的项目化整为零或者以其他任何方式规避招标的，责令限期改正，可以处项目合同金额千分之五以上千分之十以下的罚款；对全部或者部分使用国有资金的项目，可以暂停项目执行或者暂停资金拨付；对单位直接负责的主管人员和其他直接责任人员依法给予处分。"《招标投标法》第五十二条规定："依法必须进行招标的项目的招标人向他人透露已获取招标文件的潜在投标人的名称、数量或者可能影响公平竞争的有关招标投标的其他情况的，或者泄露标底的，给予警告，可以并处一万元以上十万元以下的罚款；对单位直接负责的主管人员和其他直接责任人员依法给予处分；构成犯罪的，依法追究刑事责任。前款所列行为影响中标结果的，中标无效。"综上所述，该国有企业本身未招先建的行为已经违反了法律规定，又将招标的关键信息透露给投标人，严重影响了招标活动的公正性，该中标结果无效，依法应承担上述法律责任。

41. 国有企业依法必须招标的工程建设项目，能否不采用工程量清单招标？

问：某国有企业一工程建设项目已经达到必须招标的规模标准，能否不采用工程量清单进行招标？

答：不能。

《建设工程工程量清单计价规范》（GB 50500—2013）第3.1.1条规定："使用国有资金投资的建设工程项目发承包，必须采用工程量清单计价。"

42. 国有企业未纳入强制招标范围的工程项目符合哪些条件适合招标？

问：某国有企业每年有大量的小型工程等采购项目不在依法必须招标的项目范围之内，但是也想通过招标方式进行采购。请问：这些项目符合哪些条件才适合招标采购？

答：采购方式有多种，招标并不适用于所有的采购项目。是否采取招标方式采购，应当从采购需求、竞争性、采购时间、采购成本等方面考虑其可行性。一般具备下列条件，可以考虑采用招标方式采购，更好满足采购需求且达到采购效益目标：

（1）采购需求明确。即采购目标、标的功能、实现功能需求的技术条件等采购需求条件能有明确、清晰的表述。只有采购需求明确，供应商才可能准确把握招标人的采购条件，全面精准地对招标进行响应性承诺。

（2）采购标的具有竞争条件。即有众多供应商愿意参与竞争。

（3）时间允许。也就是给予招标人制定招标方案、编制招标文件、执行招标程序、完成中标合同签订等工作内容充足的时间，以确保公平竞争、科学择优。紧急采购就不适合采用招标方式采购。

（4）交易成本合理。鉴于招标采购活动的程序规定和复杂性，如果招标标的金额不高，经过招标后节约的资金超过交易成本，也不适合采用招标方式采购。

不同时具备上述条件的，建议采取其他合适的采购方式。

43. 招标人能否"后补"招标程序？

问：A 公司进行工程设备采购，直接与一家机电设备公司签订了设备采购合同，此后发现该项目必须招标，即委托某招标代理公司组织该设备的招标活动，并确定已签约的机电设备公司为中标人，这样做是否允许？

答：不允许招标人对于必须招标的项目通过"后补"的方式招标。

《招标投标法》第四条规定："任何单位和个人不得将依法必须进行招标的项目化整为零或者以其他任何方式规避招标。"《招标投标法》第四十九条规定："违反本法规定，必须进行招标的项目而不招标的,将必须进行招标的项目化整为零或者以其他任何方式规避招标的,责令限期改正,可以处项目合同金额千分之五以上千分之十以下的罚款;对全部或者部分使用国有资金的项目,可以暂停项目执行或者暂停资金拨付;对单位直接负责的主管人员和其他直接责任人员依法给予处分。"

本案例中,"未招先定"实际规避招标签订的合同无效,后又补办招标程序,属于虚假招标行为,均为法律所禁止。

第三章 采购方式与采购组织形式

44. 国有企业常用哪些采购方式?

问:实践中,国有企业采购常用的采购方式有哪些?

答:当前,对于国有企业的采购方式,国务院国资委、国家发展改革委《关于规范中央企业采购管理工作的指导意见》(国资发改革规〔2024〕53号)规定除招标方式外,还有询比采购、竞价采购、谈判采购、直接采购等方式。地方政府部门对地方国企采购方式有规定(如《温州市市属国有企业采购管理办法》〔温国资委〔2024〕51号〕)的,从其规定。《国有金融企业集中采购管理暂行规定》规定了国有金融企业集中采购可以采用公开招标、邀请招标、竞争性谈判、竞争性磋商、单一来源采购、询价以及有关管理部门认定的其他采购方式外,对于非招标采购方式并没有其他法律规定,实践中常有询价、比选、谈判、磋商、电子竞价、订单等各种各样的方式。

国家标准《电子采购交易规范非招标方式》(GB/T 43711—2024)规定了询比采购、谈判采购、竞价采购和直接采购等4种招标方式。

中国招标投标协会编制的团体标准《非招标方式采购代理服务规范》（ZBTB/T 01—2018）规定了招标采购（分为公开招标和邀请招标）、询比采购（分为询价、比选）、谈判采购（分为合作谈判、竞争谈判）、直接采购（分为单源直接采购、多源直接采购）四类采购方式。

中国物流与采购联合会发布的团体标准《国有企业采购操作规范》（T/CFLP 0016—2023），将采购方式分为公开招标、邀请招标、询价采购、比选采购、合作谈判、竞争谈判、竞争磋商、单源直接采购、多源直接采购等。

国有企业可借鉴这些采购方式结合企业实际确定自己的采购方式和采购策略。

45. 国有企业采购常采用哪些采购组织形式？

问：采购组织形式是根据采购需求特点，在确定采购方式的前提下，为利于采购结果执行高效、直观、可视而采取的组织方式。国有企业采购常采用哪些采购组织形式？

答：国有企业采购组织形式没有固定模式，《电子采购交易规范 非招标方式》（GB/T 43711—2024）规定的采购组织形式可供参考，即采购组织形式包括战略采购、集中采购、框架协议采购、电子商城采购等。

（1）战略采购。采购人基于生产经营、战略发展需要和市场供应趋势，对维护供应链安全稳定所需匹配的原材料、组部件、装备、技术或服务等，采用长期采供协议或合资、合作等方式建立相对稳定的战略采购供应关系。战略采购协议宜约定合作范围、价格等调整要素及终止条件；宜采用竞争采购交易方式，在2家以上供应商中选择确定战略供应商；不具备市场竞争条件的项目可采用直接采购交易方式。

（2）集中采购。采购人集中各采购需求人一定时期内所需的工程、货物或服务，按照分类分级集中采购目录清单，授权或委托采购实施人统一实施采购。集中采购可采用批量集中采购、框架协议采购等组织形式。批量集中采购适用于归集一定时期内能够一次精准确定采购数量、规格等采购需求的项目，宜采用招标或其他竞争采购交易方式实施。

（3）框架协议采购。采购人归集一定时期内具有相同属性特征但无法一次确定采购项目时间、地点、数量的采购需求要素，采用竞争方式并分阶段选择入围供应商和确定成交供应商，签订和实施采购合同或订单。框架协议采购第一阶段选择入围供应商，第二阶段确定成交供应商。两阶段应至少进行一次价格竞争，分步确定采购项目的时间、地点、数量、价格等要素。

（4）电子商城采购。采购人归集各采购需求人一定时期内计划采购商品，依托电子商城汇聚供应商品，通过规范有效的竞争采购交易方式和组织形式，比较、遴选、协商确定采购供应商品范围及其相应技术规格、质量标准、商品价格等交易要素，约定供应服务期内商品价格调整与风险分担办法等交易规则，并在采购人归集的平台货架展示。采购需求

49. 国企工程建设项目能不能采用竞争性谈判方式发包？

问：有人认为，竞争性谈判是政府采购法定采购方式之一，而国企不属于政府采购主体，因此不能采用政府采购规定的竞争性谈判方式。这种说法对吗？

答：《政府采购法》第二条第二款明确国企采购不属于政府采购范围，但不代表国企不可以采用竞争性谈判、询价、竞争性磋商等方式进行采购，这需要结合项目实际以及国企采购内控管理制度综合研判。根据《招标投标法》第三条、《必须招标的工程项目规定》以及《必须招标的基础设施和公用事业项目范围规定》，属于强制招标项目，则应当依法进行招标，不能擅自采用非招标方式采购。对于非强制招标项目，一是可以自愿进行招标；二是可以通过其他方式进行采购。《国家发展改革委办公厅关于进一步做好〈必须招标的工程项目规定〉和〈必须招标的基础设施和公用事业项目范围规定〉实施工作的通知》（发改办法规〔2020〕770号）也强调："非强制招标项目由采购人依法自主选择采购方式，任何单位和个人不得违法干涉；国有企业可以结合实际，建立健全规模标准以下工程建设项目采购制度。"

50. 服务类框架协议采购需求在什么时间提出合适？

问：目前各个企业常见的服务框架协议都是当年招标当年服务结束，框架协议实际执行的有效期限只有 8~10 个月。

请问：对于第二年的服务框架采购协议是否可以放在前一年提前招标？

答：该问题涉及框架协议期限的起算问题。如果框架协议的期限定义为某年某月起，至某年某月止，那么该框架协议的采购当然应提前进行，需求也应提前申报，以便于集中采购。建议第二年的服务框架采购协议在前一年提前招标采购，便于与项目计划、采购安排、预算管理等协调衔接，服务也不会产生空档期，从而满足企业服务需求。

51. 国企运维服务类框架协议的有效期设置多久比较合适？

问：国企的运维服务适合采用框架协议采购的方式，框架协议期限太短，不能发挥出框架协议采购的优势，则框架协议有效期限最多可以设置几年？

答：框架协议采购是指采购人针对一定时期内的采购需求，通过公开征集的方式，确定多个符合条件的供应商入围并与之签订框架协议，在实际需求发生时，由采购人或者服务对象按照框架协议约定的规则，在入围供应商范围内确定成交供应商并授予采购合同的采购方式。框架协议有效期，也称为"框架协议期限"，在该期限内可以在适用需求发生时根据框架协议签订采购合同。

需求部门往往希望框架协议有效期长一些。但是，有些情况下较长的框架协议有效期并不合适，比如有些品类价格波动比较频繁，有些品类短时间内就可能发生技术变化，有些采购实体的采购需求不可能长期不变。而且，过长的框架协议期限会抑制竞争，导致有些供应商认为该市场与己无关而离开。

实践中可参考《政府采购框架协议采购方式管理暂行办法》第十五条规定："货物项目框架协议有效期一般不超过 1 年，服务项目框架协议有效期一般不超过 2 年。"对某些品类的运维服务，可以延长至 3 年。

52. 框架协议采购中"订单合同期限"必须与"框架协议期限"一致吗？

问：某国有企业框架协议采购的框架执行周期为 2022 年 1 月 1 日至 2022 年 12 月 31 日。某入围供应商于 2022 年 12 月 29 日与采购人签订了一份采购合同，且该合同的履约期限为 2023 年 2 月 1 日至 2023 年 12 月 30 日。上述采购合同的履约期限并不在框架执行周期内，这种情况下签订的采购合同是否合规？

答：签订的采购合同是合规的。

该问题涉及框架协议采购的基本概念，即"框架协议期限"和"订单合同期限"两者的区别。我国的框架协议采购有关法律规定还不完善，对此问题暂未作规定，实践中，在"框架协议期限"内可以授予订单合同，"订单合同期限"不必与"框架协议期限"一致。

53. 框架协议采购中是否可以要求以入围单位中最低投标价为执行价?

问：某国有企业采用竞争性谈判的方式进行某工程货物类年度框架协议采购，采购文件要求："本次评标方法为：综合评估法；共选入围单位 3 家，按第一名 50%、第二名 30%、第三名 20% 采购份额来分配；框架协议执行价格采用 2 轮报价，最后 1 轮为最终报价，取 3 家入围单位中的最低价"。最后入围的 3 家供应商，综合排名第一名和第三名之间各项投标报价的差额很大。排名第三的供应商表示：自己获得的份额很少，按照最低价来履约会亏本。因此公示结束后，该供应商拒绝与采购人签订框架协议。那么，采购文件中的上述规定合理吗？

答：采购文件中的规定不合理。

招标采购实质是"要约邀请—要约—承诺"的竞争性合同缔约过程，供应商递交的应答文件属于供应商要约，采购人发出的成交通知书属于采购人承诺。上述问题中的框架协议执行价是所有两轮报价的最低价，并不是由所有入围供应商一致向采购人作出的要约，从缔约的流程上来看，属于新要约。

另外，该采购文件对框架协议执行价如何形成作出规定，在所有应答人未作出第二轮报价之前，该执行价数额并未产生，即该新要约内容事先并不具体确定。根据《民法典》第四百七十二条的规定，即"要约内容具体确定"，可知采购文件中该条的约定并不满足要约的构成要件。因此，除报出最低价的入围供应商以外，其他两家可作出承诺，也有权拒绝。

54. 框架协议采购项目中，某分项执行额达到采购时的预估工作量，该框架协议还可以继续执行吗？

问：某建筑软件开发企业采用框架协议的方式对软件开发及运维的非主要工作进行分包，招标文件中给出了软件开发、软件测试、软件实施等不同类别服务的预估工作量。在该项目订单合同分配和执行过程中，因软件开发的工作较多，执行量迅速达到了采购时招标文件中预估的工作量，招标人担心继续执行会存在企业合规问题。请问：分项服务可以超出预估量执行吗？

答：分项服务可以超出预估量执行。

框架协议采购最主要的特点是采购需求的不确定性，需求的量和时间在采购的时候都无法确定。正式签订的框架协议中定价文件包括招标文件的报价说明，以及投标文件中的报价文件。依据此项目招标文件中的报价说明，其给出的预估工作量是为了计算总价来进行报价部分的评审，并不是实际执行的确定量，只要此框架协议执行总金额不超过企业批准的该项目预算总额，单个分项的执行金额并不受投标时分项部分预估总价的约束。

55. 谁是施工总承包合同中暂估价项目招标的主体？

问：根据《招标投标法实施条例》第二十九条规定，招标人可以依法对工程以及与工程建设有关的货物、服务全部或者部分实行总承包招标。以暂估价形式包括在总承包范围内的工程、货物、服务属于依法必须进行招标的项目范围且达到国家规定规模标准的，应当依法进行招标。这里所称暂估价，是指总承包招标时不能确定价格而由招标人在招标文件中暂时估定的工程、货物、服务的金额。请问：施工总承包合同中暂估价项目招标的主体是谁？

答：施工总承包合同中暂估价项目包括暂估价工程、暂估价材料和暂估价服务，最常见的是前两种。暂估价项目的具体内容和明细应当由双方合同当事人在专用合同条款中列明，招标发包的项目，在招标文件中列明。

暂估价项目的招标，不论属于依法必须招标还是不属于依法必须招标的项目，实践中相对成熟的做法有以下三种：

（1）总承包发包人（即总承包招标人）和总承包人共同招标。《工程建设项目货物招标投标办法》和《建设工程工程量清单计价规范》（GB 50500—2013）规定，以暂估价形式存在的工程货物达到依法必须招标的标准时，由发承包双方共同组织招标。《建设工程施工合同（示范文本）》第 10.7.1 款推荐的第二种招标方式就是共同招标。共同招标的方式，适用于材料和工程设备。如果专业工程发包，宜适用于施工难度小、工期短、质量要求一般、管理要求不高的暂估价项目。

（2）总承包发包人招标，给予总承包人参与权和知情权。《建设工程工程量清单计价规范》（GB 50500—2013）肯定了这种方式的存在。这种方式最终是由总承包发包人与暂估价项目中标人签订合同的。

（3）总承包人招标，给予总承包发包人参与权和决策权。这是《建设工程施工合同（示范文本）》第10.7.1款推荐的第一种招标方式。适用于施工难度大、结构复杂、工期紧张、质量要求高、安全要求高且承包人不参与投标的暂估价项目。

综上所述，施工总承包合同暂估价项目的招标主体可以有三种选择，应结合暂估价项目的特点进行有针对性的选择。发包人在施工总承包招标时就要作出抉择，应当兼顾工程整体的工期、质量、安全责任和造价控制目标，不妨碍总承包人的整体管理。

56. 国有企业的建设工程施工项目应当选择公开招标还是邀请招标？

问：某国有企业办公楼大楼建设工程施工项目，国有资金100%投资，该项目要进行招标，应当选择公开招标还是邀请招标？

答：应当公开招标。

《招标投标法》第十一条规定："国务院发展计划部门确定的国家重点项目和省、自治区、直辖市人民政府确定的地方重点项目不适宜公开招标的，经国务院发展计划部门或者省、自治区、直辖市人民政府批准，可以进行邀请招标。"《招标投标法实施条例》第八条规定："国有资金占控股或者主导地位的依法必须进行招标的项目，应当公开招标；但有下列情形之一的，可以邀请招标：（一）技术复杂、有特殊要求或者受自然环境限制，只有少量潜在投标人可供选择。（二）采用公开招标方式的费用占项目合同金额的比例过大。"本案例中，某国有企业办公楼建设工程施工项目属于全部由国有资金投资的项目，如无法律规定可以邀请招标的特殊情形，该项目依法必须公开招标。

57. 依法必须招标的项目哪些情形下可以邀请招标？

问：国有企业投资建设的某项建设工程施工项目，因为受到工程所在地特殊的自然地域环境限制，只有少量的符合投标条件的潜在投标人，招标人拟采取邀请招标方式，请问是否适当？可采用邀请招标的条件有哪些？

答：可采用邀请招标方式。

《招标投标法》第十条规定，招标分为公开招标和邀请招标。公开招标，是指招标人以招标公告的方式邀请不特定的法人或者其他组织投标。邀请招标，是指招标人以投标邀请书的方式邀请特定的法人或者其他组织投标。根据《工程建设项目施工招标投标办法》第十一条规定："依法必须进行公开招标的项目，有下列情形之一的，可以邀请招标：（一）项目技术复杂或有特殊要求，或者受自然地域环境限制，只有少量潜在投标人可供选择。（二）涉及国家安全、国家秘密或者抢险救灾，适宜招标但不宜公开招标。（三）采用公开招标方式的费用占项目合同金额的比例过大。"符合上述三种情形之一的，招标人可以采用邀请招标的形式，应当向3个以上具备招标项目资格能力要求的特定的潜在投标人发出投标邀请书。

对于非依法必须公开招标的项目，由招标人自主决定采用公开招标还是邀请招标方式。

58. 国企工程建设项目能否采用询价等采购方式？

问：某市国资委出台市属国有企业招标采购内部监督管理制度，规定非依法必须进行招标的工程建设项目可以采用询价方式。该规定是否违背有关法律规定？

答：该规定并无不妥，非强制招标项目具体由采购人依法自主选择采购方式。

在政府采购领域，询价是《政府采购法》明确的法定政府采购方式之一，依据《政府采购法》第三十二条，询价方式适用于货物规格、标准统一，现货货源充足且价格变化幅度较小的项目。但并不代表《政府采购法》体系之外的国企等其他市场主体不能选择使用询价方式采购。对于非强制招标项目，由采购人结合项目实际以及国企采购内控管理制度综合研判，以有利于项目实施和落地为出发点，选择适宜的采购方式。对此，《国家发展改革委办公厅关于进一步做好

〈必须招标的工程项目规定〉和〈必须招标的基础设施和公用事业项目范围规定》实施工作的通知》（发改办法规〔2020〕770号）规定："非强制招标项目由采购人依法自主选择采购方式，任何单位和个人不得违法干涉；国有企业可以结合实际，建立健全规模标准以下工程建设项目采购制度。"在实践中，国企可以自愿进行招标，也可以采用如询价、竞争性谈判、竞争性磋商、单一来源或者如竞价、询比等其他方式进行采购。值得注意的是，国企采购不属于《政府采购法》的调整范围，加上国企采购与政府采购的资金来源、主体职责、行业规范、项目绩效目标等有所区别，即使选择询价等《政府采购法》体系中提到的采购方式，也可以在采购文件或企业采购内控制度中作出有别于政府采购的具体规定，不建议采用"一刀切"方式简单套用。另外，根据国务院国资委、国家发展改革委《关于规范中央企业采购管理工作的指导意见》（国资发改革规〔2024〕53号），中央企业对非依法必须招标的工程建设项目，除自愿采取招标方式外，应选择询比采购、竞价采购、谈判采购或直接采购四种方式之一进行。

59. 询价采购项目能否让供应商二次报价？

问：某国有企业有一项工器具采购项目采取询价方式，未公布采购限价，在评审过程中发现所有供应商提交的报价都超出预算，能否让供应商进行二次报价？

答：询价采购方式一般只允许供应商一次性报价，这一

规〔2022〕1117 号）也规定，不得强制具有自行招标能力的招标人委托招标代理机构办理招标事宜。

62. 选择代理机构可以采用框架协议采购方式吗？

问：某单位计划对本年度内的招标采购项目，选择招标代理机构办理，请问能用框架协议采购方式吗？

答：《招标投标法》第十二条第一款规定，招标人有权自行选择招标代理机构，委托其办理招标事宜。任何单位和个人不得以任何方式为招标人指定招标代理机构。《国家发展改革委等部门关于严格执行招标投标法规制度进一步规范招标投标主体行为的若干意见》（发改法规规〔2022〕1117 号）也规定，任何单位和个人不得以任何方式为招标人指定招标代理机构，不得违法限定招标人选择招标代理机构的方式，不得强制具有自行招标能力的招标人委托招标代理机构办理招标事宜。

有些地方性规定对代理机构的选择有特殊性限制，如《四川省发展和改革委员会关于变更招标代理机构比选公告发布媒体的通知》（川发改法规〔2020〕400 号）规定，在四川省行政区域内的所有国家投资工程建设项目，实行委托招标的，招标人只能按《标准比选文件》的规定确定招标代理机构。

因此，除类似上述特殊要求（合法性暂不表）以外，招标人、采购人有权自行选择代理机构，可以通过框架协议采购方式自行选择采购代理机构。

63. 总公司招标采购业务能否直接选择从事代理业务的子公司作为招标代理机构？

问：近期，某市委巡察组在 A 县巡察时提出，该县某国有企业未采用竞争方式，长期将所有招标采购业务直接委派给与其具有管理关系的子公司，由其开展招标代理业务。该行为是否需要整改？

答：招标人有权自行选择招标代理机构，包括选择与其存在直接控股或管理关系的子公司。

依据《招标投标法》第十二条规定，招标人可以根据自身是否具备编制招标文件和组织评标等专业能力，结合企业采购内控制度和实际情况，自主决定采用自行组织招标或者委托招标代理机构办理招标事宜，任何单位和个人均不得限制、干预招标人自主选择招标组织形式和招标代理机构，选择方式包括招标人直接选定、抽签、竞价、综合比较、答辩择优等方式，这也是落实招标人的自主权。《国家发展改革委等部门关于严格执行招标投标法规制度进一步规范招标投标主体行为的若干意见》（发改法规规〔2022〕1117 号）强调，任何单位和个人不得以任何方式为招标人指定招标代理机构，不得违法限定招标人选择招标代理机构的方式。

64. 招标代理服务费应由哪一方支付?

问:《招标代理服务收费管理暂行办法》已经废止,请问关于招标代理服务费应当由谁来支付?

答:原《招标代理服务收费管理暂行办法》(计价格〔2002〕1980号)已被2016年1月1日发布的《关于废止部分规章和规范性文件的决定》(国家发展和改革委员会令第31号)废止,目前国家层面对招标代理服务费的支付主体及支付标准未作强制性规定,可由招标人支付,也可由中标人支付。

65. 招标人自有项目招标能否向中标人收取中标服务费?

问:某公司代理别的企业的采购项目正常收取采购代理服务费,现在自建楼房,准备自行招标,也可以向中标人收取采购代理服务费吗?如果收取,会违法吗?

答:所谓招标代理服务费,顾名思义就是招标代理机构接受招标人委托,提供工程、货物、服务招标代理服务所收取的费用。上述公司的采购项目,自己组织招标,不存在招标代理服务,故不能向中标人收取招标代理服务费、中标服务费等类似性质的费用。

66. 招标代理服务费的收费标准如何确定？

问：《招标代理服务收费管理暂行办法》（计价格〔2002〕1980 号）、《国家发展改革委办公厅关于招标代理服务收费有关问题的通知》（发改办价格〔2003〕857 号）和《关于降低部分建设项目收费标准规范收费行为等有关问题的通知》（发改价格〔2011〕534 号）已经在 2016 年 1 月 1 日废止，目前对招标代理服务费没有强制性规定收费标准。那么，国有企业招标如何确定招标代理服务费的收费标准？

答：2015 年 2 月，国家发展和改革委员会发布了《关于进一步放开建设项目专业服务价格的通知》（发改价格〔2015〕299 号），决定全面放开招标代理服务费，由实行政府指导价管理改为实行市场调节价，价格由双方协商确定。

中国招标投标协会发布了《关于贯彻国家发展和改革委员会〈关于进一步放开建设项目专业服务价格的通知〉（发改价格〔2015〕299 号）的指导意见》，建议在招标代理服务收费实行市场调节价后，双方可以参考原招标代理服务收费标准（即《招标代理服务收费管理暂行办法》《国家发展改革委关于降低部分建设项目收费标准规范收费行为等有关问题的通知》等相关文件），以实际服务的内容、质量要求、市场供需和物价变化为定价基础，结合招标项目规模、工程等级、技术难易程度以及服务深度等确定代理服务费额度，使之客观合理地体现招标代理服务价值。参照《招标采购代理规范》，招标代理服务费由常规招标代理服务费、增值招标代理服务费和招标代理额外服务费三部分组成，还规定了招标代理常规服务费计算规则，可以参考适用。具体标准由招标人和招标代理机构协商确定。

实践中，招标人可以通过市场调查，重点考虑代理机构人员业务水平、类似项目代理情况、行政监督部门考评、社会信誉等要素，择优选择代理机构。在招标代理服务费方面，可结合类似项目收费情况与其商定合理的费用，也可以参考《招标代理服务收费管理暂行办法》的有关收费标准，结合项目实际和单位内控制度，确定费用支付方式、标准等内容。

67. 中标人未与招标人签订合同，招标代理公司还可以向中标人收取招标代理费吗？

问：某项目招标文件规定："项目招标代理费由中标人在领取《中标通知书》后三日内向招标代理机构支付……"。中标人领取《中标通知书》后，在供货期限和预付款等方面与采购人产生巨大争议，最终未签订中标合同。请问此项目是否还需向代理机构支付代理费？如需支付，应由招标人支付还是中标人支付？

答：虽未签订中标合同，招标代理机构仍有权收取招标代理费。招标代理机构接受采购人委托，在编制采购需求、制定招标文件、组织开评标、协助确定中标人等工作完成后，应视其已完成代理服务义务。且按照招标文件规定，代理费付款条件是中标人领取《中标通知书》而非签订中标合同，因此招标代理机构当然有权要求中标人按照委托代理协议和招标文件规定支付代理费。

68. 中标人以项目停建为由请求返还招标代理服务费是否允许？

问：某工程招标项目的招标代理合同与招标文件中均载明由中标人支付招标代理服务费。在合同履行环节，该项目因规划原因停建，中标人 A 单位以此为由请求招标人返还招标代理服务费，请问中标人的请求合理吗？

答：招标代理机构完成招标代理业务，就有权取得招标代理服务费，不应支持中标人的请求。

《民法典》第九百二十八条第一款规定"受托人完成委托事务的，委托人应当按照约定向其支付报酬"。本案例中，招标人在招标文件中载明由中标人承担招标代理服务费。招标代理机构在招标人的授权范围内以招标人的名义组织招标活动，最终确定 A 单位为中标人，并与招标人签订了中标合同。此时，代理机构的招标代理业务已经完成，其当然有权取得代理合同约定的招标代理服务费。

项目停建导致合同无法继续履行属于招标人单方面违约，与代理机构无关。中标人 A 单位可请求招标人赔偿其所受损失。

第二篇

▼

招　标

第一章　招标公告

69. 工程建设施工项目应当具备哪些条件才可以发布招标公告正式启动招标活动？

问：某国有企业新建生产车间，拟通过招标方式发包，请问应满足哪些条件才可以组织招标活动？

答：《招标投标法实施条例》第七条规定："按照国家有关规定需要履行项目审批、核准手续的依法必须进行招标的项目，其招标范围、招标方式、招标组织形式应当报项目审批、核准部门审批、核准。项目审批、核准部门应当及时将审批、核准确定的招标范围、招标方式、招标组织形式通报有关行政监督部门。"《房屋建筑和市政基础设施工程施工招标投标管理办法》第七条规定："工程施工招标应当具备下列条件：（一）按照国家有关规定需要履行项目审批手续的，已经履行审批手续；（二）工程资金或者资金来源已经落实；（三）有满足施工招标需要的设计文件及其他技术资料；（四）法律、法规、规章规定的其他条件。"

根据上述规定，本案例中所列项目应当报经核准，招标内容也应当核准，且项目资金或资金来源已经落实，有满足施工招标需要的设计文件及其他技术资料的，方可开展招标工作。

70. 建设管理单位与项目法人的区别是什么？

问：在工程建设管理中，经常出现"建设管理单位""项目法人"的角色，招标公告也常载明"建设管理单位"或"项目法人"，这二者的区别是什么？

答：原国家计划委员会《关于实行建设项目法人责任制的暂行规定》（计建设〔1996〕673号）规定，为了建设投资责任约束机制，规范项目法人的行为，国有单位经营性基本建设大中型项目在建设阶段必须组建项目法人，实行项目法人责任制，由项目法人对项目的策划、资金筹措、建设实施、生产经营、债务偿还和资产的保值增值，实行全过程负责。由此可见，项目法人是项目投资、项目建设和项目运营的主体，承担投资风险，对项目建设和生产经营实行全面管理和全面负责。

项目法人可以自己行使建设管理的职能，也可以委托建设管理单位行使建设管理职能。建设管理单位接受建设单位委托行使建设项目的管理职能，在项目的建设过程中，有权对建设项目的咨询、勘察、设计、施工、设备和材料的供应单位、监理单位、试验检测单位等进行管理。

代建制里的代建单位，是典型的建设管理单位。某些情况下，总承包单位或 PM 单位也是建设管理单位。

71. 必须进行招标的施工项目的招标公告刊发在报纸上是否合规?

问:某国有企业有一项必须招标的工程建设项目,该国有企业为了自己的"兄弟单位"能够中标,在某一个发行量不大的地方报纸上发布招标公告,所以只有当地少数的几家公司得知招标信息前来投标,请问该行为是否合规?

答:《招标投标法》第十六条第一款规定:"招标人采用公开招标方式的,应当发布招标公告。依法必须进行招标的项目的招标公告,应当通过国家指定的报刊、信息网络或者其他媒介发布。"《招标公告和公示信息发布管理办法》第八条规定:"依法必须招标项目的招标公告和公示信息应当在'中国招标投标公共服务平台'或者项目所在地省级电子招标投标公共服务平台(以下统一简称'发布媒介')发布。"《电子招标投标办法》第十七条也明确要求"依法必须进行公开招标项目的上述相关公告应当在电子招标投标交易平台和国家指定的招标公告媒介同步发布"。

本案例中,对于依法必须招标的项目,在发行量不大的地方报纸上发布招标公告,违反上述规定,限制了投标竞争,应当纠正。非依法必须招标项目可以不在上述媒介上发布招标公告。

72. 如何确定国企采购项目信息公开媒介？

问：某国企采用公开招标方式采购地区产业结构升级规划服务（最高限价为 126 万元），采购人在集团官网公告中标结果后，收到第二名的书面质疑，认为该项目最高限价超过工程服务必须招标规模标准，从采购公告到中标结果均未按规定在该省招标投标公共服务平台发布，由于信息差影响了项目公正性和充分竞争，要求废除结果重新招标。该要求是否合理？

答：该项目最高限价虽然达到 126 万元，但产业结构升级规划等服务项目并不属于《招标投标法》第三条和《招标投标法实施条例》第二条明确的必须进行招标的工程建设有关的服务（勘察、设计、监理）。《国家发展改革委办公厅关于进一步做好〈必须招标的工程项目规定〉和〈必须招标的基础设施和公用事业项目范围规定〉实施工作的通知》（发改办法规〔2020〕770 号）则进一步规定，对于《必须进行招标的工程项目规定》第五条第一款第（三）项中没有明确列举规定必须招标的服务事项，不得强制要求招标。因此，本项目也不属于依法必须进行招标的项目，项目信息发布媒体具体以当地国有企业相关制度为准，当地没有规定的则以该国有企业采购内控制度为准。

如果属于依法必须进行招标的项目，应严格按照《招标公告和公示信息发布管理办法》第八条规定，在指定发布媒介，即"中国招标投标公共服务平台"或者项目所在地省级电子招标投标公共服务平台发布项目信息。

73. 同一项目的招标公告在不同媒介的发布时间是否必须一致？

问：某依法必须招标的施工项目采用公开招标方式，招标公告发布后，一潜在投标人提出异议，指出招标公告在中国招标投标公共服务平台和招标人采购平台上发布的时间不一致，按招标人采购平台发布的时间推算，公告发布与投标截止时间均违反了《招标投标法实施条例》的有关规定。请问此异议是否成立？

答：不成立。

《招标投标法》第十六条第二款规定"依法必须进行招标的项目的招标公告，应当通过国家指定的报刊、信息网络或者其他媒介发布"，《招标投标法》第十六条第一款和《招标投标法实施条例》第十五条第三款规定"在不同媒介发布的同一招标项目的资格预审公告或者招标公告的内容应当一致"，《招标公告和公示信息发布管理办法》第十五条第一款规定"依法必须招标项目的招标公告和公示信息除在发布媒介发布外，招标人或其招标代理机构也可以同步在其他媒介公开，并确保内容一致"。根据以上法条可知，依法必须进行招标的项目的招标公告除了应在国家指定媒介发布，也可在其他媒介发布，但发布内容必须一致。

本案例所涉异议是两个平台的发布时间不一致。对此，法律法规并无规定，但为避免不必要的误解和异议，公告宜各媒介同步发布。

第二章 资格审查

74. 资格审查通常有哪些方法？各自适合于什么样的项目？

问：为了确保中标人具有履行合同的能力，招标人需要对投标人进行资格审查。请问资格审查有哪些方法？各自适合于什么样的项目？

答：根据《招标投标法实施条例》第十八条、第二十条规定，资格审查分为资格预审和资格后审。

资格预审，是指在投标前，按照资格预审文件载明的标准和方法，对潜在投标人进行的资格审查。资格预审主要适用于大型或技术要求复杂、潜在投标人过多的招标项目。

资格后审，是指在开标后，由评标委员会按照招标文件规定的标准和方法，对投标人的资格进行的审查。

此外，根据《工程建设项目施工招标投标办法》第十七条的规定，在施工项目招标中，进行资格预审的，一般不再进行资格后审，但招标文件另有规定的除外。

75. 资格预审应注意哪些操作要点？

问：某公司对于因投标人过多将可能导致招投标成本过

高、评标时间过长的招标项目，一般采取资格预审的方式。
请问实行资格预审一般应注意哪些问题？

答：关于资格预审的程序、审查主体、规则等按照《招标投标法实施条例》的相关规定执行，国家发展和改革委员会等部委联合颁布的《标准施工招标资格预审文件》可供参考。同时根据实践经验，需要注意以下几点：

（1）资格预审方法分为合格制和有限数量制。资格预审采用合格制的，凡符合资格预审文件规定审查标准的申请人均通过资格预审。资格预审采用有限数量制的，依据资格预审文件规定的审查标准和程序，确定通过资格预审的申请人，通过预审的数量由资格预审文件规定。如无特殊情况，鼓励采用合格制。

（2）根据实践经验，潜在投标人过多的，可采用有限数量制。招标人应当在资格预审文件中载明资格预审申请人应当符合的资格条件、对符合资格条件的申请人进行量化的因素和标准，以及通过资格预审申请人的数额。通过资格审查的申请人不少于 3 个且没有超过资格预审文件规定数量的，均通过资格预审，不再进行评分。通过资格预审的申请人少于 3 个的，应当重新招标。

（3）《招标投标法》和《招标投标法实施条例》没有规定通过资格预审的申请人数量，招标人可在资格预审文件中根据招标项目具体特点和实际需要确定，确保具有足够的竞争性，但至少有 3 家合格申请人。对于房屋建筑工程项目，可按照《建设部关于加强房屋建筑和市政基础设施工程项目施工招标投标行政监督工作的若干意见》（建市〔2005〕208号）的规定执行。

76. 同一招标项目资格预审与资格后审的审查标准可以不一致吗？

问：某工程招标项目资格预审后，招标人觉得入围的潜在投标人数量太多，要求再开展一次资格后审，同时提高了资格后审的投标人资格要求，以达到减少该项目投标人的目的。请问，在同一个招标项目中，资格预审与资格后审的审查标准可以不一致吗？

答：同一项目的资格预审和资格后审的标准应当保持一致。

资格预审和资格后审是一次招标的两次审查，唯一区别就是两次审查的时间点不同。整个招标投标活动是一场完整、连续进行的活动，招标人先后发布的资格预审文件和招标文件都是围绕同一个招标项目开展的，当招标范围、技术标准和要求等不变的情况下，两次审查的资质要求、人员要求、业绩要求等审查标准也应当是一致的；若前后标准不一，那么投标人的资格要求又以哪个为准呢？

因而，在《中华人民共和国招标投标法实施条例释义》（以下简称《招标投标法实施条例释义》）关于第十五条的解释中提到"资格预审文件的主要内容不得与已经发布的资格预审公告矛盾，招标文件的主要内容也不得与已经发布的资格预审文件或者招标公告冲突"；在《2007 年版标准施工招标文件使用指南》第三章评标办法 "2.1.2 评标标准（适用于已进行资格预审的）"中也提到"已进行资格预审的，须与资格预审文件资格审查办法详细审查标准保持一致"。

77. 资格预审阶段是否需要限制申请人之间具有"关联关系"？

问：《招标投标法实施条例》第三十四条规定，投标阶段招标人与投标人、投标人之间存在特殊"关联关系"的，相关投标均无效。虽然资格预审不是正式的投标，但其审查的结果最终要运用到正式的投标中去，资格预审阶段是否需要限制申请人之间存在"关联关系"？

答：《招标投标法实施条例》第三十四条规定"单位负责人为同一人或者存在控股、管理关系的不同单位，不得参加同一标段投标或者未划分标段的同一招标项目投标。违反该规定的，相关投标均无效"。该条规定旨在限制存在上述特殊"关联关系"的不同投标人参加同一项目投标。资格预审阶段并不是正式的投标阶段，故而《招标投标法实施条例》第三十四条并不适用。也就是说，资格预审阶段并不需要限制资格预审申请人之间存在"关联关系"。所以，《标准施工招标资格预审文件（2007 年版）》第二章申请人须知 1.4.3 款列举了申请人不得存在的 12 种情形，也并不包括《招标投标法实施条例》第三十四条限定的情形。

78. 存在单位负责人为同一人或控股、管理关系的资格预审合格申请人同时投标，相关投标均无效。招标人应如何避免这种情形出现？

问：资格预审合格的申请人之间存在《招标投标法实施条例》第三十四条规定的"单位负责人为同一人或控股、管理关系"的情形的，相关投标均无效。招标人为了保持足够的竞争，应如何避免这种情形出现？

答：资格预审申请人即使通过资格预审，但存在《招标投标法实施条例》第三十四条情形参加同一标段投标的，其投标均属无效。基于此，在进入正式投标阶段之前，招标人可对存在上述情形的合格申请人进行约谈或提醒，告知其只能有一家参与该项目的投标，让其自行抉择；或者事先在资格预审文件中约定存在上述情形的合格申请人如何"内部"商议，如保留价低者，选出唯一的申请人"晋级"投标阶段，可正式参与投标。

79. 工程建设项目的资格预审公告应当在什么平台发布？

问：某工程建设项目采取资格预审方式，进行电子化招标，资格预审公告应当在什么平台发布？

答：《招标投标法实施条例》第十五条第三款规定："依法必须进行招标的项目的资格预审公告和招标公告，应当在国务院发展改革部门依法指定的媒介发布……"《招标公告和公示信息发布管理办法》第八条规定："依法必须招标项目的招标公告和公示信息应当在'中国招标投标公共服务平台'或者项目所在地省级电子招标投标公共服务平台（以下统一简称"发布媒介"）发布。"该办法第九条规定："省级电子招标投标公共服务平台应当与'中国招标投标公共服务平台'对接，按规定同步交互招标公告和公示信息。对依法必须招标项目的招标公告和公示信息，发布媒介应当与相应的公共资源交易平台实现信息共享。"因此，依法必须进行招标的项目，资格预审文件应当在国家发展改革部门依法指定的媒介发布，一般为"中国招标投标公共服务平台"或项目所在地省级电子招标投标公共服务平台；对于非依法必须进行招标的项目，可以在上述平台进行发布也可以在其他平台发布。

80. 潜在投标人能否在资格审查期间对资格预审文件提出异议？

问：A 公司参加 B 公司组织的水库清淤工程项目资格预审，提交资格预审申请文件后认为资格预审文件有误，在招标人资格预审期间是否能提出异议？

答：不能。

《招标投标法实施条例》第二十二条规定："潜在投标人或者其他利害关系人对资格预审文件有异议的，应当在提交资格预审申请文件截止时间 2 日前提出；对招标文件有异议的，应当在投标截止时间 10 日前提出。招标人应当自收到异议之日起 3 日内作出答复；作出答复前，应当暂停招标投标活动。"可见，潜在投标人若对资格预审文件有异议，最迟应于提交资格预审申请文件截止时间 2 日前提出，否则将失去提出异议的权利，已经进入资格审查环节后，不能再提出异议。

81. 通过资格预审的申请人是不是一定具有投标资格？

问：有一项招标项目进行资格预审，评标委员会在正式评标过程中，发现某投标人在通过资格预审后被吊销营业执照，就是否否决该投标产生分歧。请问：通过资格预审的申请人是不是一定具有投标资格？类似本案例资格预审合格的投标人在投标前被吊销营业执照，还有无投标资格？

答：资格审查是招标人的一种权利，贯穿招标投标活动的全过程。法律法规并没有限制通过资格预审的不能再进行资格后审。即便通过资格预审，资格预审申请人也不一定具有投标资格。如果资格预审通过后，投标人发生合并、分立、破产等重大变化，可能相关证书、报告过期，被列为失信被执行人，财务状况恶化等，导致其不再是合格投标人，仍然可能影响其投标资格。《招标投标法实施条例》第三十八条规定，投标人发生合并、分立、破产等重大变化的，应当及时书面告知招标人。投标人不再具备资格预审文件、招标文件规定的资格条件或者其投标影响招标公正性的，投标无效。因此，在评标过程中，仍可进行资格审查，不合格的投标人仍应否决投标。类似本案例资格预审合格的投标人在投标前被吊销营业执照，将不具备投标资格，应当否决其投标。

82. 资格预审结果是否可以通过发布公告的方式告知资格预审申请人？

问：某招标项目采用资格预审方式筛选合格投标人，资格预审结果出来后，招标人计划通过发布资格预审结果公告的方式，公布资格预审合格名单。请问：资格预审结果是否可以通过发布公告的方式告知资格预审申请人？

答：不可以。

《招标投标法实施条例》第十九条第一款规定："资格预审结束后，招标人应当及时向资格预审申请人发出资格预审结果通知书"，据此可知，招标人应通过发送"资格预审结果通知书"的方式告知资格预审申请人预审结果，并非公告方式。理解该条款时需注意以下两点：

（1）招标人应向所有"资格预审申请人"告知预审结果，而不仅是"合格"申请人。

（2）结合《招标投标法》第二十二条规定："招标人不得向他人透露已获取招标文件的潜在投标人的名称、数量以及可能影响公平竞争的有关招标投标的其他情况"，招标人发送资格预审结果通知书应为点对点发送，不能采取公告方式，以避免泄露投标人信息以及合格的申请人之间在投标阶段相互串通投标。

83. 是否允许招标人披露参加投标的单位名称和数量？

问：B公司和C公司参加A公司组织的工程建设项目招标活动。由于B公司与A公司来往频繁，在招标投标过程中，A公司向B公司透露C公司和其他投标人的信息，是否允许？

答：《招标投标法》第二十二条规定："招标人不得向他人透露已获取招标文件的潜在投标人的名称、数量以及可能影响公平竞争的有关招标投标的其他情况。"若是依法必须进行招标项目的招标人在招标过程中，将已获取的潜在投资人的名称、数量或其他有可能影响公平竞争的有关招标投标的其他情况披露给他人，将影响其他投标人的投标决策，或其利用信息不对称不当获得投标竞争优势，或者串标围标，对其他投标人不公平。因此，《招标投标法》禁止招标人对外透露参加投标的单位名称、数量等信息。

第三章 招标文件

84. 招标公告与招标文件内容是否可以不一致？

问：某招标项目中，招标公告要求的投标人资格条件为"接受法人或其他组织投标"，但招标文件中要求"仅接受法人投标"，导致评标活动无法继续进行。招标公告与招标文件内容是否可以不一致？

答：招标公告与招标文件内容应保持一致。

一般来说，招标公告是招标文件的一部分，而作为一个整体，招标公告的内容和招标文件的其他章节的内容应当保持一致。如果发现招标公告和招标文件的其他章节内容相悖，导致评标活动无法继续进行的，可参照《政府采购货物和服务招标投标管理办法》第六十五条"评标委员会发现招标文件存在歧义、重大缺陷导致评标工作无法进行，或者招标文件内容违反国家有关强制性规定的，应当停止评标工作，与采购人或者采购代理机构沟通并作书面记录。采购人或者采购代理机构确认后，应当修改招标文件，重新组织采购活动"的规定办理。《国家发展改革委等部门关于严格执行招标投标法规制度进一步规范招标投标主体行为的若干意见》（发改法规规〔2022〕1117号）也强调"评标过程中发现问题的，应当及时向招标人提出处理建议；发现招标文件内容违反有关强制性规定或者招标文件存在歧义、重大缺陷导致评标无法进行时，应当停止评标并向招标人说明情况"。

85. 招标文件开始发出之日起至投标截止之日是否一概不得少于20日？

问：某县国投公司就老旧小区市政管网改造工程项目（合同估算价310万元）采用公开招标方式发包，中标候选人公示期间，投标人A公司提出该项目招标公告规定的等标期仅有10日，不符合国家规定，要求招标人取消中标资格并重新招标，该要求是否成立？

答：本案例中，市政管网改造工程项目合同估算价310万元，未达到400万元的必须招标的规模标准，依据《招标投标法》第二十四条"依法必须进行招标的项目，自招标文件开始发出之日起至投标人提交投标文件截止之日止，最短不得少于二十日"的规定，自愿招标项目的等标期不受上述规定约束，但应当给予投标人编制投标文件的合理时间。故此，自愿招标项目的等标期少于20日的，不属于《招标投标法实施条例》第二十三条规定的违反法律、行政法规的强制性规定情形，不会因此导致重新招标。

86. 工程建设施工项目招标，招标人是否必须编制标底？

问：某公司有一项工程要进行施工招标，按照现在的规定，是否必须要编制标底？

答：《招标投标法实施条例》第二十七条规定："招标人可以自行决定是否编制标底。一个招标项目只能有一个标底。标底必须保密。"《工程建设项目施工招标投标办法》第三十四条规定："招标人可根据项目特点决定是否编制标底。编制标底的，标底编制过程和标底在开标前必须保密……招标项目可以不设标底，进行无标底招标。"因此，是否编制标底由招标人自行决定。需要注意的是，接受委托编制标底的中介机构不得参加受托编制标底项目的投标，也不得为该项目的投标人编制投标文件或者提供咨询。

87. 设有专业承包资质的专业工程单独发包时，施工总承包资质的企业能否承担？

问：某用电工程项目配套的专业工程单独发包，招标人设置的投标人资质条件为"电力工程施工总承包资质"，此举被认定为限制、排斥潜在投标人。这是为什么？

答：《建筑业企业资质标准》"总则"第三条中规定"施工总承包工程应由相应施工总承包资质的企业承担。设有专业承包资质的专业工程单独发包时，应由取得相应专业承包资质的企业承担"，据此，该用电工程项目配套的专业工程单独发包时，招标人应选用输变电工程专业承包资质。

88. "招标文件发售期不得少于5日"包括周六和周日吗？

问：某招标项目招标公告提示：招标文件 7 月 1 日开始对外发售，7 月 6 日下午 18 时发售截止，发售时间为每日 9 时至 18 时，而 7 月 6 日当天为星期六是否妥当？

答：《招标投标法实施条例》第十六条规定"招标文件发售期不得少于 5 日"，该 5 日可以是周六、周日。

有关招标文件发售时间段的规定存在新旧变化。《标准施工招标文件（2007 年版）》采用工作日计时，法定公休日、法定节假日不包含在内。随着 2012 年 2 月 1 日《招标投标法实施条例》的实施，后续发布的《简明标准施工招标文件（2012 年版）》《标准设计招标文件（2017 年版）》等则改为按公历日计时。

89. 工程施工项目招标文件中设计文件是否可以出售？

问：工程施工项目招标文件中，所附的设计文件是否可以单独出售？

答：不宜出售。根据《工程建设项目施工招标投标办法》第十五条规定，对招标文件所附的设计文件，招标人可以向投标人酌情收取押金，开标后投标人退还设计文件的，招标人应向投标人退还押金。因此，招标人不宜向投标人收取设计文件的发售费用，仅可酌情收取押金。

90. 澄清或修改招标文件哪些内容时投标文件递交截止时间需要顺延？

问：某招标项目中，因采购需求变化，招标人需对招标文件中的部分技术规范要求作出澄清修改，是否需要顺延投标文件递交截止时间？

答：投标文件递交截止时间是否需要顺延，关键是看澄清或者修改的内容是否会影响投标文件编制。

《招标投标法实施条例》第二十一条规定："……澄清或者修改的内容可能影响投标文件编制的，招标人应当在投标截止时间至少 15 日前，以书面形式通知所有获取招标文件的潜在投标人；不足 15 日的，招标人应当顺延投标文件的截止时间。"可能影响投标文件编制的澄清或者修改情形，一般包括但并不限于对拟采购工程、货物或服务所需的技术规格，质量要求，竣工、交货或提供服务的时间，投标担保的形式和金额要求，以及需执行的附带服务等内容的改变。这些改变将给潜在投标人带来大量额外工作，必须给予潜在投标人足够的时间以便编制完成并按期提交资格预审申请文件或者投标文件。而对于减少资格预审申请文件需要包括的资料、信息或者数据，调整暂估价的金额，增加暂估价项目，开标地点由同一栋楼的一个会议室调换至另一会议室等不影响投标文件编制的澄清和修改，则不受 15 日的期限限制。

91. 只要招标文件的澄清距投标截止时间不足15日，就必然要延长投标截止时间吗？

问：某工程项目招标文件载明"如果澄清发出的时间距投标截止时间不足 15 天，并且澄清内容可能影响招标文件编制的，相应延长投标截止时间"。有人认为，只要招标文件的澄清距投标截止时间不足 15 日，就必然要延长投标截止时间，该观点是否合理？

答：不合理。

《招标投标法实施条例》第二十一条规定："招标人可以对已发出的资格预审文件或者招标文件进行必要的澄清或者修改。澄清或者修改的内容可能影响资格预审申请文件或者投标文件编制的，招标人应当在提交资格预审申请文件截止时间至少 3 日前，或者投标截止时间至少 15 日前，以书面形式通知所有获取资格预审文件或者招标文件的潜在投标人；不足 3 日或者 15 日的，招标人应当顺延提交资格预审申请文件或者投标文件的截止时间。"

据此规定，当招标文件的澄清时间不足 15 日时，只有澄清内容可能影响投标文件编制的，才需要延长投标截止时间。倘若招标文件的澄清内容仅为简单的文字更正，并未影响投标文件编制，为了提高招标效率，即使澄清发出的时间距投标截止时间不足 15 日，也不涉及延长投标截止时间。

92. 建筑智能化设计服务招标，应如何设置企业资质条件？

问：某国企拟对大型公共建筑工程的智能化设计服务进行公开招标，设计内容包括计算机网络系统工程、火灾报警系统工程、会议系统等智能化系统，招标文件要求投标人应当具备建筑智能化系统设计专项甲级资质。请问：招标人的要求合理吗？

答：不合理。

根据《工程设计资质标准》，工程设计资质分为 4 个序列：工程设计综合资质、行业资质、专业资质和专项资质。工程设计各序列的资质之间并不存在排他适用的规定，工程设计综合资质可承担各行业建设工程项目的设计业务，行业资质可承担本行业各专业的设计任务，专业资质可承担本专业的设计任务，故在设置设计资质要求时应当全面考虑所有的资质序列。

就本案例而言，属于专项资质序列的建筑智能化系统专项甲级资质、属于专业资质序列的工程设计建筑行业（建筑工程）专业甲级资质、属于行业资质序列的工程设计建筑行业甲级资质以及属于综合资质序列的工程设计综合甲级资质都能够满足该项目要求，投标人只需满足其中之一即可。

93. 要求供应商提供的保安人员必须为男性是否合理？

问：某国有企业公开招标项目要求供应商提供一定数量

的保安人员，考虑到保安人员晚上需要值班，且该岗位通常为男性，招标人遂在招标文件中规定"供应商提供的保安人员必须为男性"，请问该要求是否合理？

答：该要求不合理，涉嫌以不合理条件排斥、限制潜在投标人。

《劳动法》第十三条规定："妇女享有与男子平等的就业权利。在录用职工时，除国家规定的不适合妇女的工种或者岗位外，不得以性别为由拒绝录用妇女或者提高对妇女的录用标准。"该法第五十九条规定"禁止安排女职工从事矿山井下、国家规定的第四级体力劳动强度的劳动和其他禁忌从事的劳动。"

本案例中，保安岗位并不在女职工职业禁忌范围内，男女职工在该岗位享有同等就业权利，招标文件明文规定保安岗位人员必须为男性，涉嫌非法排斥、限制女性职工，不仅违反上述《劳动法》规定，也不符合《招标投标法》不得以不合理的条件限制或者排斥潜在投标人的规定。

94. 招标文件要求投标人提供国家级检测机构出具的检测报告，是否妥当？

问：某市国企采用公开招标的方式采购设备，招标文件要求投标人提供国家级检测机构出具的检测报告复印件，以证明投标设备的基本参数满足需求，是否妥当？

答：根据《检验检测机构资质认定管理办法》规定，检验检测机构的资质认定分国家和省两级实施,除了负责认定的部门层级不同外,其认定条件和程序以及评审管理要求是一致的。因此,国家级和省级检测机构在基本条件和能力方面并无优劣之分。国家市场监督管理总局在其官网上回答有关问题时曾明确指出:"国家级和省级资质认定证书具有同等法律效力,无须重复申请。"因此,国家级和省级的检测机构出具的检测报告具有同等法律效力,本案例中招标人的做法属于以不合理的条件限制或者排斥潜在投标人,违反了《招标投标法》第十八条第二款的规定。

95. 招标人可以另行规定取消中标资格的情形吗?

问:《招标投标法实施条例》第七十四条规定了三种法定取消中标资格的情形。请问:招标人还可以在此之外另行规定取消中标资格的情形吗?

答:不可以。

《招标投标法实施条例》第七十四条规定:"中标人无正当理由不与招标人订立合同,在签订合同时向招标人提出附加条件,或者不按照招标文件要求提交履约保证金的,取消其中标资格,投标保证金不予退还。"该处的"取消中标资格",是指当中标人出现特定事由时,其已经取得的合法有效的中标资格将被依法剥夺。

鉴于中标通知书到达中标人时,合同已经成立并生效,倘若赋予招标人在法定情形之外随意设定取消中标资格的情形，将使得已经成立的合法有效的合同因招标人一念之差随意被解除，有违公平、公正原则。因此，招标人不能在法定情形之外另行设定取消中标资格的其他情形。

96. 在招标文件中列举若干个产品品牌供投标人参考是否合适？

问：某国有企业拟采购一批元器件，考虑到后期维修更换频率与价格，遂在招标文件中列举了若干个元器件品牌以供投标人参考选择，请问该种做法是否合适？

答：该种做法不合适。

《招标投标法实施条例》第三十二条规定，限定或者指定特定的专利、商标、品牌、原产地或者供应商，属于以不合理条件限制、排斥潜在投标人或者投标人。《招标投标法实施条例释义》对该款项内容作出解释，即"招标文件中规定的各项技术标准应当满足项目技术需求，保证公平竞争，不得指定、标明某一个或者某几个特定的专利、商标、品牌、设计、原产地或生产供应商，不得含有倾向或排斥潜在投标人的其他内容"。

本案例中，招标人在招标文件中列举若干个品牌供投标人参考选择，属于以不合理条件排斥、限制潜在投标人。为确保采购合规性，建议参考《工程建设项目货物招标投标办法》第二十五条规定办理，即"如果必须引用某一供应者的技术规格才能准确或清楚地说明拟招标货物的技术规格时，则应当在参照后面加上'或相当于'的字样"。

97. 已经取消劳务企业资质的地区，进行电力工程劳务分包的招标如何设置资格条件？

问：目前全国已有多个省市发文宣布取消劳务企业资质，实行专业作业企业备案管理制度。在这些地区进行电力工程劳务分包的招标时，应当如何设置投标人的资格条件？

答：以取消了劳务企业资质的江苏省为例，《江苏省住房和城乡建设厅关于取消施工劳务企业资质要求的公告》（〔2018〕第7号）第一条规定："在本省行政区域内从事建筑劳务作业的企业不需要提供施工劳务资质；持有营业执照的劳务作业企业即可承接施工总承包、专业承包企业的劳务分包作业。"根据上述文件精神，劳务作业企业只需拥有营业执照即可承接劳务分包作业，无须办理安全生产许可证和其他与资质有关的证书。

因此，在电力工程劳务分包的招标中，招标人可以将营业执照、劳务企业的类似劳务分包业绩等设为资格条件；将劳务作业企业在施工现场技能工人基本配备标准、施工现场各职业（工种）技能工人技能等级的配备比例、聘用的劳动者所持的职业证书等作为合同的技术规范要求。特别需要注意的是，不能将拥有专业工程承包资质、承装（修、试）电力设施许可证和安全生产许可证设为投标人资格条件。

98. 设计阶段的监理服务招标，可以要求投标人具有工程监理资质吗？

问：某国有企业采用公开招标的方式采购房屋维修工程初步设计和施工图设计阶段的监理服务，招标文件要求投标人具备工程监理综合资质或建筑工程监理丙级及以上资质。请问招标人的要求是否合理？

答：不合理。

《建筑法》第三十二条第一款规定："建筑工程监理应当依照法律、行政法规及有关的技术标准、设计文件和建筑工程承包合同，对承包单位在施工质量、建设工期和建设资金使用等方面，代表建设单位实施监督。"《建筑法》中的工程监理限于工程施工阶段，对工程监理单位资质的强制性要求也是针对施工监理而言的。

本案例采购标的是工程设计阶段的监理服务，虽然使用了"监理"一词，但不属于《建筑法》中"工程监理"的范围。所谓的"设计监理"，应当属于接受建设单位委托进行设计阶段的项目管理，国家对此类业务的资质没有强制性要求，招标人设置工程监理资质，属于以不合理的条件限制或者排斥潜在投标人，违反了《招标投标法》第十八条第二款的规定。

99. 输变电工程施工招标项目投标人资格条件除对"项目经理"提出要求外，是否还可以对其他岗位人员提出要求？

问：在输变电工程施工招标项目投标人资格条件设置中，除了对"项目经理"要求需具备建造师执业资格外，还有一些"特种作业人员"，如高压电工、登高架设工等，按《国家职业资格目录（2021年版）》规定也属于准入类资格，是否可以和"项目经理"一样，将"特种作业人员必须拥有相应的特种作业证书"设置为投标人资格条件？

答：招标人不宜将"特种作业人员必须拥有相应的特种作业证书"设置为投标人资格条件。

《标准施工招标文件（2007年版）》和《简明标准施工招标文件（2012年版）》投标人资格条件中对"项目经理"这样的自然人提出资格要求，原因如下：

（1）基于项目经理的重要性。项目经理是指受企业法定代表人委托，对工程项目施工过程全面负责的项目管理者，是建筑施工企业法定代表人在工程项目上的代表人。

（2）需要满足建造师执业管理的要求。根据《注册建造师管理规定》，大中型施工项目的项目经理必须由取得注册建造师执业资格的自然人担任。而且，注册建造师必须在其注册企业从事执业活动，执业证书不得外借。

相较于项目经理，特种作业人员并不需要必须注册在某企业执业。以高压电工来讲，虽然涉电作业需要持证上岗，其只是分部分项作业的要求，并不能影响施工项目全局；高压电工人员可以不是施工企业的员工，施工企业也可以通过劳务外包的方式补齐缺口。因此，招标人在技术规范书（或发包人要求）中要求投标人的相关岗位必须具备此类证书即可，而作为投标人资格条件则不适宜。

100. "将特定行业的业绩、奖项作为加分条件"如何理解？

问：某医疗机构施工监理招标时，招标人设置独立承接并完成医疗卫生类或生物类实验室或（含）医疗卫生类或生物类实验室的新建或改建的施工监理业绩作为加分条件，请问这是否属于"将特定行业的业绩、奖项作为加分条件"？

答：根据《招标投标法》第十八条第二款以及《招标投标法实施条例》第三十二条第二款第（一）项、第（三）项规定，招标人可以在招标公告、投标邀请书和招标文件中要求潜在投标人具有响应的资格、技术或商务条件，但不得设定与招标项目的具体特点和实际需要不相适应或者与合同履行无关的资格、技术、商务条件；不得以特定行政区域或者特定行业的业绩、奖项作为依法必须招标项目评标加分条件或中标条件。因此，您提出的关于医疗机构工程监理招标，招标人设置独立承接并完成医疗卫生类或生物类实验室或（含）医疗卫生类或生物类实验室的新建或改建的施工监理业绩作为加分条件有关情况，可以要求招标人进行澄清。如招标人存在违法违规行为，建议根据《招标投标法实施条例》第六十条规定向有关招标投标行政监督部门提出投诉以维护自己的合法权益。

101. 园林绿化工程招标项目，投标人是否应具备建筑施工企业安全生产许可证？

问：某园林绿化工程项目，招标人认为国家已经取消城市园林绿化企业资质，一般同时对安全许可证和建筑业企业施工资质提出要求，那就没有必要再要求园林绿化工程施工单位具备建筑施工企业安全生产许可证。招标人的说法是否正确？

答：招标人应结合招标项目的范围和规模具体判定，是否需要施工资质和建筑施工企业安全生产许可证。

《园林绿化工程建设管理规定》第二条定义：园林绿化工程是指新建、改建、扩建公园绿地、防护绿地、广场用地、附属绿地、区域绿地，以及对城市生态和景观影响较大建设项目的配套绿化，主要包括园林绿化植物栽植、地形整理、园林设备安装及建筑面积 300m² 以下单层配套建筑、小品、花坛、园路、水系、驳岸、喷泉、假山、雕塑、绿地广场、园林景观桥梁等施工。

园林绿化工程招标时，如果其"招标范围"属于《园林绿化工程建设管理规定》第二条定义的"园林绿化工程"，则投标人不需要施工资质，也不需要安全生产许可证。"园林绿化工程"的招标范围中，建筑物或构筑物达到或高于《园林绿化工程建设管理规定》第二条规定的规模标准时，此时的"园林绿化工程"超出了规定的定义，应要求投标人具备相应的施工资质，当然也应具备安全生产许可证。

102."取消投标资格"的行政处罚具有地域性吗？

问：甲省某依法必须进行招标的项目在 2022 年 11 月 2 日开标，投标人 A 于 2022 年 6 月 20 日因虚假投标被乙省行政机关处以"取消参加依法必须招标项目的投标资格一年"的行政处罚。请问，投标人 A 还能继续参加甲省的投标活动吗？

答：乙省对投标人作出的行政处罚具有普适性，投标人 A 不能参加甲省的该项投标活动。

《招标投标法》第五十三条、第五十四条、第六十条规定了有关取消投标资格的行政处罚。其中，第五十三条规定："投标人相互串通投标或者与招标人串通投标的，投标人以向招标人或者评标委员会成员行贿的手段谋取中标的……情节严重的，取消其一至二年内参加依法必须进行招标的项目的投标资格"；第五十四条规定"投标人以他人名义投标或者以其他方式弄虚作假，骗取中标的……情节严重的，取消其一至三年内参加依法必须进行招标的项目的投标资格"；第六十条规定"中标人不按照与招标人订立的合同履行义务，情节严重的，取消其二至五年内参加依法必须进行招标的项目的投标资格"。《招标投标法实施条例》第六十七条、第六十八条对何为"情节严重"进行了具体规定。

行政机关作出的取消投标资格的行政处罚决定，主要依据为《招标投标法》及其实施条例。因《招标投标法》及其实施条例的适用范围不具有地域性，故据此作出的取消投标资格的决定也不具有地域性。

103. 工程总承包招标项目，其中要求的施工资质必须是施工总承包资质吗？

问：某输电线路迁改项目计划采用工程总承包方式进行发包，施工部分的投标人资质条件究竟是设置电力工程施工总承包资质，还是设置输变电工程专业承包资质？

答：招标人应根据法律法规规定选择与工程规模相适应的资质条件，本次发包内容为输电线路迁改，应选择输变电工程专业承包资质。

《住房城乡建设部关于进一步推进工程总承包发展的若干意见》〔建市〔2016〕93号〕第七项中明确："工程总承包企业应当具有与工程规模相适应的工程设计资质或者施工资质，相应的财务、风险承担能力，同时具有相应的组织机构、项目管理体系、项目管理专业人员和工程业绩。"《房屋建筑和市政基础设施项目工程总承包管理办法》〔建市规〔2019〕12号〕第十条中规定："工程总承包单位应当同时具有与工程规模相适应的工程设计资质和施工资质，或者由具有相应资质的设计单位和施工单位组成联合体。"

根据现行规定不难看出，工程总承包的资质要求涉及施工资质的并不笼统要求为施工总承包资质。如果专业工程项目采用工程总承包模式进行发包，施工资质条件应选择与工程规模相适应的专业承包资质即可，切勿将工程总承包与施工总承包两个"总"相互混同。

104.《国家发展改革委等部门关于严格执行招标投标法规制度进一步规范招标投标主体行为的若干意见》（发改法规规〔2022〕1117号）中的"不得提出非强制资质认证要求"怎么理解？

问：《国家发展改革委等部门关于严格执行招标投标法规制度进一步规范招标投标主体行为的若干意见》（发改法规规〔2022〕1117号）提出"依法必须招标项目不得提出……取得非强制资质认证等要求"，那么设置ISO9001等质量体系认证作为资格要求，是否违反这条规定？

答：违反上述规定。

强制资质认证主要是指国家法律强制性要求必须具备的资质条件，是行政机关颁发的行政许可、特许经营权等资质证书、认证证书等，不具备这些资质，不允许执业或者经营该项业务，比如建筑业企业资质、律师执业许可证等。质量体系认证是一种管理水平和能力的评价机制，有一定的参考性，但不属于法律法规等明确规定的行业准入资格，不属于国家法律强制性要求、行政机关颁发的资格证书，不属于"强制资质认证"，故不得作为依法必须招标项目的投标人资格条件。国家构建全国统一大市场，优化营商环境，取消各类非强制认证要求，就是要激活市场主体活力，鼓励企业参与竞争，国企采购应当积极遵守执行国家政策要求，带头取消"非强制资质认证"的条件，带动市场主体"活起来"。

需要注意的是，一些社会团体、企业组织颁发的所谓"资质""认证"，都不属于法律强制性要求的资质或认证。还有一些非法组织颁发的所谓"资质"，更是违法。

105. 资格审查时需不需要关注投标人的经营范围？

问：某公司购买低值劳保用品，有一家供应商营业执照载明的经营范围是服装，所以评委就以经营范围不涵盖本次招标项目即不具备经营条件为由判定该供应商资格条件不合格，这样合不合理？

答：《国家发展改革委办公厅 市场监管总局办公厅关于进一步规范招标投标过程中企业经营资质资格审查工作的通知》（发改办法规〔2020〕727号）规定："进一步明确招标投标过程中对企业经营资质资格的审查标准。企业依法享有经营自主权，其经营范围由其章程确定，并依法按照相关标准办理经营范围登记，以向社会公示其主要经营活动内容。招标人在招标项目资格预审公告、资格预审文件、招标公告、招标文件中不得以营业执照记载的经营范围作为确定投标人经营资质资格的依据，不得将投标人营业执照记载的经营范围采用某种特定表述或者明确记载某个特定经营范围细项作为投标、加分或者中标条件，不得以招标项目超出投标人营业执照记载的经营范围为由认定其投标无效。招标项目对投标人经营资质资格有明确要求的，应当对其是否被准予行政许可、取得相关资质资格情况进行审查，不应以对营业执照经营范围的审查代替，或以营业执照经营范围明确记载行政许可批准证件上的具体内容作为审查标准。"此外，《民法典》第五百零五条也规定超越经营范围订立的合同并非必然无效。因此，经营范围不能作为资格审查的标准，投标人的经营范围不涵盖招标项目内容，也不能作为否定投标人资格的依据。资格审查时无须审核经营范围，营业执照上载明的经营范围仅供参考，不作为评审依据。认定投标人有无经营条件，可重点考察其是否具有法律规定的资质（如有）以及有无承担过类似项目的业绩。

106. 招标投标经营范围不限是否意味着不需要行政许可？

问：《国家发展改革委办公厅　市场监管总局办公厅关于进一步规范招标投标过程中企业经营资质资格审查工作的通知》（发改办法规〔2020〕727号）规定："招标人在招标项目资格预审公告、资格预审文件、招标公告、招标文件中不得以营业执照记载的经营范围作为确定投标人经营资质资格的依据，不得将投标人营业执照记载的经营范围采用某种特定表述或者明确记载某个特定经营范围细项作为投标、加分或者中标条件，不得以招标项目超出投标人营业执照记载的经营范围为由认定其投标无效。"这个文件的出台是否意味着没有医疗器械经营许可或备案的经营企业都可以做二类、三类医疗器械？如果招标文件没有明确规定，是否意味着所有企业也都可以做二类、三类医疗器械？

答：《国家发展改革委办公厅　市场监管总局办公厅关于进一步规范招标投标过程中企业经营资质资格审查工作的通知》（发改办法规〔2020〕727 号）规定，招标项目对投标人经营资质资格有明确要求的，应当对其是否被准予行政许可、取得相关资质资格情况进行审查。该文件的出台并非意味着没有医疗经营器械经营许可或备案的企业都可以生产二类、三类医疗器械。对于依法需取得行政许可或备案方能从事的特定行业，应当先取得相关许可或完成备案。

107. 取消园林绿化资质后对于绿化工程、人工造林工程如何对投标人进行要求？

问：因住房和城乡建设部取消园林绿化资质后同时要求不得以任何方式，强制要求将城市园林绿化企业资质或市政公用工程施工总承包等资质作为承包园林绿化工程施工业务的条件。对于绿化项目施工招标人都采用经营范围内含"园林绿化"，对投标人进行要求。相关规定不能提出如此要求。

那么对于绿化工程、人工造林工程如何对投标人提出资格条件要求?

答:《国家发展改革委办公厅 市场监管总局办公厅关于进一步规范招标投标过程中企业经营资质资格审查工作的通知》(发改办法规〔2020〕727号)规定,招标项目对投标人的资质资格有明确要求的,应当对其是否被准予行政许可,取得相关资质资格情况进行审查,不应以对营业执照经营范围的审查代替,或以营业执照经营范围明确记载行政许可批准件上的具体内容作为审查标准。对于不实行资质管理的行业,招标人可根据实际需要,从业绩等方面对投标人提出要求。

108. 可否将"投标产品品牌为中国驰名商标"作为投标人的资格条件?

问:驰名商标产品一定意义上代表着质量优、服务好,那么为了采购好产品,能否在招标文件中将"投标产品品牌为中国驰名商标"作为投标人的资格条件?

答:驰名商标,是指在中国境内为相关公众所熟知的商标,由有权机关(国家知识产权局商标局、商标评审委员会或人民法院)依照法律程序认定。如果将投标产品品牌限定为中国驰名商标,那实质上限定或指定了品牌,根据《招标投标法实施条例》第三十二条规定,招标人限定或者指定特定的品牌,属于"以不合理条件限制、排斥潜在投标人或者投标人"的行为，因此招标文件中不得限定投标产品品牌为中国驰名商标。

109. "中国驰名商标"可以作为加分项吗？

问：某市文化馆家具项目公开招标，招标文件规定所投产品的生产厂家获得"中国驰名商标"证书得 2 分。对此投标人 A 公司认为此项设置存在排他性，违反公平、公正原则。那么，评审因素设置"中国驰名商标"分值是否合理？

答：本案例所述情形涉嫌以不合理的条件对供应商实行差别待遇或者歧视待遇，原因有以下几点：

（1）与项目特点及实际需要不相适应。根据《商标法》《驰名商标认定和保护规定》以及《最高人民法院关于审理涉及驰名商标保护的民事纠纷案件应用法律若干问题的解释》（法释〔2009〕3 号）等有关规定，驰名商标制度的意义主要在于保护被公众所熟知的商标不被他人注册或使用。也就是说，"中国驰名商标"并不属于企业业绩、荣誉、商品质量认证或信用评价等，将其设置为加分条件，与采购项目的具体特点和实际需要不相适应或者与合同履行无关。

（2）未正确区分正当使用与违法使用驰名商标的界限。《商标法》第十四条第五款规定，生产、经营者不得将"驰名商标"字样用于商品、商品包装或者容器上，或者用于广告宣传、展览以及其他商业活动中。《国家知识产权局关于加强查处商标违法案件中驰名商标保护相关工作的通知》（国知发保函字〔2019〕229号）第二条规定：将"驰名商标"字样视为荣誉称号并突出使用，用于宣传企业或推销企业经营的商品或服务，则应依据《商标法》第十四条第五款规定进行查处。

（3）限制潜在供应商公平竞争机会。从本质上讲，采购人发布的采购文件应当对所有供应商平等对待，不得带有明显的歧视性、倾向性。本案例中将"中国驰名商标"作为加分项，即便具有驰名商标的供应商超过三家，仍然歧视了非驰名商标品牌的供应商，排除或限制了潜在供应商公平参加竞争的机会。正值全国上下优化营商环境的大背景下，以"中国驰名商标"作为加分项，不符合《优化营商环境条例》等要求。

110. "企业核心供应商"是否可以作为资格条件？

问：某国有企业通过供应商评价，将供应商分为"一般供应商""优良供应商"和"核心供应商"三个等级，对于涉及重要运维业务的招标项目，拟将企业"核心供应商"作为投标人资格条件，这样是否是排斥限制潜在投标人？

答：不得将企业"核心供应商"设置为投标人资格条件。

根据《招标投标法》第十八条规定，招标人可以根据招标项目本身的要求设置有关资质证明文件和业绩作为投标人资格条件，国家对投标人的资格条件有规定的，依照其规定。同时，《国务院办公厅关于进一步优化营商环境降低市场主体制度性交易成本的意见》〔国办发〔2022〕30号〕第四项规定：“取消各地区违规设置的供应商预选库、资格库、名录库等……着力破除所有制歧视、地方保护等不合理限制”。招标人将供应商评价结果作为投标人资格条件属于以不合理条件排斥限制潜在投标人。

111. 招标人为保证工程质量，在招标文件中能否约定投标人必须是曾经服务过本公司的单位？

问：某国有企业为修建文体中心进行招标，为了保证工程质量，招标人在发布招标文件中约定：投标人必须是之前为本公司或者本公司控股子公司服务过类似项目的单位。请问，招标文件中是否允许设置类似的资格条件？

答：不得设置类似的资格条件。

《招标投标法》第五条规定：“招标投标活动应当遵循公开、公平、公正和诚实信用的原则。”该法第二十条规定：“招标文件不得要求或者标明特定的生产供应者以及含有倾向或者排斥潜在投标人的其他内容。”该法第六条规定：“依法必须进行招标的项目，其招标投标活动不受地区或者部门的限制。任何单位和个人不得违法限制或者排斥本地区、本系统以外的法人或者其他组织参加投标，不得以任何方式非法干涉招标投标活动。”《招标投标法实施条例》第三十三条规定：“投标人参加依法必须进行招标的项目的投标，不受地区或者部门的限制，任何单位和个人不得非法干涉。”该条例第三十二条规定:"招标人不得以不合理的条件限制、排斥潜在投标人或者投标人。招标人有下列行为之一的,属于以不合理条件限制、排斥潜在投标人或者投标人:……(三)依法必须进行招标的项目以特定行政区域或者特定行业的业绩、奖项作为加分条件或者中标条件……"本案例在招标公告中约定投标人必须是曾经服务过本公司的单位,相当于限定了投标人范围,该条款属于招标人特意照顾曾经在本单位服务过的公司,非法限制和排斥了其他投标人公平参与投标的行为。

112. 招标人在招标文件中要求,投标人注册地必须在本地是否允许?

问:A公司在必须招标的项目招标文件中规定,必须是本地注册的法人才可以参加投标,是否允许?

答:不允许。

《招标投标法》第六条规定:"依法必须进行招标的项目,其招标投标活动不受地区或者部门的限制。任何单位和个人不得违法限制和排斥本地区、本系统以外的法人或者其他组织参加投标,不得以任何方式非法干涉招标投标活动。"《招标投标法实施条例》第三十二条规定:"招标人不得以不合理的条件限制、排斥潜在投标人或者投标人。招标人有下列行为之一的,属于以不合理条件限制、排斥潜在投标人或者投标人:……(三)依法必须进行招标的项目以特定行政区域或者特定行业的业绩、奖项作为加分条件或者中标条件……"
因此，本案例中，对外地注册的企业实行歧视待遇，不符合
上述法律规定，也与我国优化营商环境、构建全国统一大市
场的政策相悖。

113. 招标文件能否要求投标人必须参加现场踏勘？

问：某国有企业新建车间工程项目施工招标，招标人能
否在招标文件中要求投标人参加现场踏勘，并规定"参加得
3分，不参加得0分"？

答：不能作出上述规定。

《招标投标法》第十八条第二款规定："招标人不得以不
合理的条件限制或者排斥潜在投标人，不得对潜在投标人实
行歧视待遇。"《招标投标法实施条例》第三十二条规定："招
标人不得以不合理的条件限制、排斥潜在投标人或者投标人。
招标人有下列行为之一的，属于以不合理条件限制、排斥潜
在投标人或者投标人：……（二）设定的资格、技术、商务
条件与招标项目的具体特点和实际需要不相适应或者与合同
履行无关……"投标人参加现场踏勘是其权利，而非义务。
投标人不参加现场踏勘并不影响其投标。因此，投标人是否
参加现场踏勘与合同履行无关，招标人将投标人参加现场踏
勘作为评审因素，根据上述规定，属于以不合理条件限制、
排斥潜在投标人或者投标人。

114.招标文件中规定"分包业绩视为无效业绩"是否合理？

问：某国有施工企业施工总承包某建设项目，拟对其中的某项专业工程进行分包，该招标文件的业绩要求中规定："投标人近三年内具有类似项目业绩不少于 1 项。分包业绩视为无效业绩。"有潜在投标人对此提出了异议，认为无论总承包还是分包的项目，只要品类、形式和规模等条件适合，都应算作有效业绩。招标文件这样的规定合理吗？

答：不合理。

一般来说，项目的业绩与项目属于发包还是分包并无直接联系，但是由于法律上并没有禁止性规定，招标人要求投标人的业绩不得是分包业绩属于发包人的权利。虽然招标人可以规定分包业绩无效，但是这样的规定与招标投标公开、公平、公正的精神是背离的。特别是如果招标项目本身就是总承包之后的分包项目，此时招标人还如此要求就更没有道理了。

115. 将获取招标文件的截止时间设置为投标截止时间或无限接近投标截止时间可以吗？

问：某招标项目，招标公告载明的招标文件获取的截止时间为 2023 年 6 月 25 日 8:00，载明的投标截止时间为 2023 年 6 月 25 日 9:00。该种情形下，倘若潜在投标人恰好于 2023 年 6 月 25 日 8:00 获取了招标文件，那么供其编制投标文件的时间只有 1h，甚至于实践中存在将获取招标文件的截止时间设置为投标截止时间的情形，请问，这种设置可以吗？

答：这样设置并不违反有关规定。

《招标投标法》第二十四条规定："招标人应当确定投标人编制投标文件所需要的合理时间；但是，依法必须进行招标的项目，自招标文件开始发出之日起至投标人提交投标文件截止之日止，最短不得少于二十日。"《招标投标法实施条例》第十六条规定："资格预审文件或者招标文件的发售期不得少于 5 日。"上述两个期限的起算点均为招标文件开始发出之日，与获取招标文件的终止时间无关。所以，即使获取招标文件的截止时间与投标截止时间相同或无限接近投标截止时间，只要从招标文件开始发布之日起算满足投标文件编制时间与招标文件发售期的要求即可。

116. 招标文件中要求投标人在投标时就承诺项目经理无在建工程，是否合理？

问：某铁塔工程施工招标项目，招标文件的项目负责人要求中规定："投标人应当按照第八章投标文件格式的要求，填写'项目经理无在建工程承诺函'，不按要求填报的将被否决。"招标文件中给出的"项目经理无在建工程承诺函"要求投标人在投标时就承诺项目经理无在建工程，是否合理？

答：不合理。

判断项目经理是否存在"两个及以上在建工程"，是以开工日期和竣工日期为依据的。也就是说，投标人只需保证拟派的项目经理在招标项目的计划工期内无在建工程即可，具体包括以下两种情形：一是项目经理正在负责管理的工程在招标项目计划开工日期前能够竣工，二是项目经理拟投标或正在投标的项目与本招标项目计划工期不冲突。

上述案例中招标文件要求投标人的项目经理在投标时就无在建工程，是不合理的。投标人进行投标到招标项目真正开工一般还有一个多月乃至更长的时间，此外还存在不能顺利按期开工的可能，即使投标人拟派的项目经理在投标时存在在建工程，只要在招标项目开工前可以完工，也是符合要求的。

117. 以不合理的条件限制或者排斥潜在投标人的行为主要有哪些？

问：《招标投标法》第十八条第二款明确规定了招标人不得以不合理的条件限制或排斥潜在投标人，《招标投标法实施条例》第三十二条第二款又对此条规定予以细化列举了七类典型情形，感觉还不够具象化，能否更加具体列明实践中的常见情形？

答：除了《招标投标法实施条例》第三十二条第二款列举的 7 种情形，《国家发展改革委等部门关于严格执行招标投标法规制度进一步规范招标投标主体行为的若干意见》（发改法规规〔2022〕1117 号）规定，依法必须招标项目不得提出注册地址、所有制性质、市场占有率、特定行政区域或者特定行业业绩、取得非强制资质认证、设立本地分支机构、本地缴纳税收社保等要求，不得套用特定生产供应者的条件设定投标人资格、技术、商务条件。

《工程项目招标投标领域营商环境专项整治工作方案》（发改办法规〔2019〕862 号）列举了 18 种情形，即：

（1）违法设置的限制、排斥不同所有制企业参与招标投标的规定，以及虽然没有直接限制、排斥，但实质上起到变相限制、排斥效果的规定。

（2）违法限定潜在投标人或者投标人的所有制形式或者组织形式，对不同所有制投标人采取不同的资格审查标准。

（3）设定企业股东背景、年平均承接项目数量或者金额、从业人员、纳税额、营业场所面积等规模条件；设置超过项目实际需要的企业注册资本、资产总额、净资产规模、营业收入、利润、授信额度等财务指标。

（4）设定明显超出招标项目具体特点和实际需要的过高的资质资格、技术、商务条件或者业绩、奖项要求。

（5）将国家已经明令取消的资质资格作为投标条件、加分条件、中标条件；在国家已经明令取消资质资格的领域，将其他资质资格作为投标条件、加分条件、中标条件。

（6）将特定行政区域、特定行业的业绩、奖项作为投标条件、加分条件、中标条件；将政府部门、行业、协会、商会或者其他机构对投标人作出的荣誉奖励和慈善公益证明等作为投标条件、中标条件。

（7）限定或者指定特定的专利、商标、品牌、原产地、供应商或者检验检测认证机构（法律法规有明确要求的除外）。

（8）要求投标人在本地注册设立子公司、分公司、分支机构，在本地拥有一定办公面积，在本地缴纳社会保险等。

（9）没有法律法规依据设定投标报名、招标文件审查等事前审批或者审核环节。

（10）对仅需提供有关资质证明文件、证照、证件复印件的，要求必须提供原件；对按规定可以采用"多证合一"电子证照的，要求必须提供纸质证照。

（11）在开标环节要求投标人的法定代表人必须到场，不接受经授权委托的投标人代表到场。

（12）评标专家对不同所有制投标人打分畸高或畸低，且无法说明正当理由。

（13）明示或暗示评标专家对不同所有制投标人采取不同的评标标准、实施不客观公正评价。

（14）采用抽签、摇号等方式直接确定中标候选人。

（15）限定投标保证金、履约保证金只能以现金形式提交，或者不按规定或者合同约定返还保证金。

（16）简单以注册人员、业绩数量等规模条件或者特定行政区域的业绩奖项评价企业的信用等级，或者设置对不同所有制企业构成歧视的信用评价指标。

（17）不落实《必须招标的工程项目规定》《必须招标的基础设施和公用事业项目范围规定》，违法干涉社会投资的房屋建筑等工程建设单位发包自主权。

（18）其他对不同所有制企业设置的不合理限制和壁垒。

另外，《优化营商环境条例》和《公平竞争审查制度实施细则》（国市监反垄规〔2021〕2 号）也规定了排斥或者限制投标竞争的几种情形。

118. 为落实国家关于违法失信行为联合惩戒机制的相关要求，招标文件中可以规定哪些内容？

问：《最高人民法院、国家发展和改革委员会等九部委关于在招标投标活动中对失信被执行人实施联合惩戒的通知》（法〔2016〕285 号）要求对属于失信被执行人的投标活动依法予以限制，依法必须进行招标的工程建设项目，招标人应当在资格预审公告、招标公告、投标邀请书及资格预审文件、招标文件中明确规定对失信被执行人的处理方法和评标标准。据此，招标文件中应当包括上述限制失信被执行人投标的规定，如何作出具体规定？

答：对于被列为失信被执行人的具体限制措施，国家发展和改革委员会等九部委在 2017 年发布的 5 类标准招标文件在"投标人须知"中均将"被最高人民法院在'信用中国'

120. 招标文件的澄清与修改可以变更其实质性内容吗?

问：《招标投标法》规定了招标人可以对已发出的招标文件进行必要的澄清、修改。那么，招标文件的澄清、修改可以变更其实质性内容吗?

答：可以对实质性内容进行澄清、修改。

《招标投标法》第二十三条规定："招标人对已发出的招标文件进行必要的澄清或者修改的，应当在招标文件要求提交投标文件截止时间至少十五日前，以书面形式通知所有招标文件收受人。该澄清或者修改的内容为招标文件的组成部分。"这里并未限定修改的内容只能是招标文件的非实质性内容。

121. 招标文件中出现明显不利于投标人的条款，投标人应当如何处理?

问：招标文件规定 "2. 货款支付：甲方在双方对账结算并收到正规有效的增值税专用发票之日起，次月支付本次结算货款的85%，3个月内支付至本次结算货款的95%，剩余5% 为质量保证金，6个月内付清；若货款、质量保证金逾期支付，均不计利息和损失（如发票延时提供，则付款时间顺延）。""3. 乙方具有一定的资金垫付能力，当因不可控制因素影响采购人付款进度时，双方应本着诚实信用、互惠互利的原则友好协商解决。乙方在此期间保证供应且不能追究甲方的责任。"作为投标方，应当怎么处理这样比较强势的条款？

答：上述条款排除或者限制投标人依法享有的追究招标人违约责任的权利，双方当事人民事权利义务明显不对等，对投标人不公平，根据《招标投标法实施条例》第二十二条、第二十三条的规定，在投标截止时间 10 日前可以向招标人提出异议，要求招标人在修改招标文件后重新招标。对异议答复不满意的，还可以依据《招标投标法实施条例》第六十条的规定向行政监督部门进行投诉。

122. 招标人澄清或修改招标文件是否一律都要推迟投标截止时间？

问：某工程项目包工不包料，招标文件规定不支付预付款，在法定时限内潜在投标人针对这一问题提出疑问，需要招标人进行澄清。此时距开标已不足 15 天，请问是否需要推迟开标时间？

答：澄清内容并不影响投标文件编制的，无须推迟开标时间。

《招标投标法实施条例》第二十一条规定："招标人可以对已发出的资格预审文件进行必要的澄清或修改。澄清或者修改的内容可能影响资格预审申请文件或者投标文件编制的，招标人应当在提交资格预审申请文件截止时间至少 3 日前，或者投标截止时间至少 15 日前，以书面形式通知所有获取资格预审文件或者招标投标文件的潜在投标人；不足 3 日或者

15 日的，招标人应当顺延提交预审申请文件或者投标文件的截止时间。"这里的"可能影响投标文件编制"的澄清或者修改情形，包括但不限于对拟采购工程、货物或服务所需的技术规格，质量要求，竣工、交货或提供服务的时间，以及需执行的附带服务等内容的改变。这些改变将给潜在投标人编制投标文件带来大量额外工作，故必须给予潜在投标人足够的时间。

第四章　重新招标和终止招标

123. 招标人可否终止招标活动?

问：根据《招标投标法实施条例》第三十一条规定，招标人有权终止招标活动；但《工程建设项目施工招标投标办法》第十五条却规定，招标人在发布招标公告、发出投标邀请书后或者售出招标文件或资格预审文件后不得擅自终止招标。请问，招标人到底能不能终止招标?

答：《招标投标法实施条例》第三十一条规定："招标人终止招标的，应当及时发布公告，或者以书面形式通知被邀请的或者已经获取资格预审文件、招标文件的潜在投标人。已经发售资格预审文件、招标文件或者已经收取投标保证金的，招标人应当及时退还所收取的资格预审文件、招标文件的费用，以及所收取的投标保证金及银行同期存款利息。"从该法条内容看，法律虽然赋予招标人有终止招标的权利，但招标人一旦使用了该权利，就得承担相应的法律义务。除非有正当理由，招标人启动招标程序后不得擅自终止招标。

作为《招标投标法实施条例》的下位法，《工程建设项目施工招标投标办法》第十五条对允许招标人终止招标的情形作了补充和完善，规定除不可抗力原因外，招标人在启动招标程序后，不得终止招标。从这个意义上看，两个法条的立法目的是一致的，不存在矛盾和冲突之处。

综上所述，招标人可以终止招标的特殊情形主要有两类：一是招标项目所必需的条件发生了变化；二是因不可抗力因素。除此情形之外，则属于擅自终止招标。

124. 招标人无合法理由终止招标，是否需要承担缔约过失责任？

问：A 公司对某工程项目进行招标，B 公司在内的多个公司已投标并缴纳了投标保证金，在招标过程中 A 公司因自己资金链出现问题，欲终止招标，请问 A 公司是否需要承担缔约过失责任？

答：终止招标，是招标人的权利，但权利不得滥用。《招标投标法实施条例》第三十一条规定："招标人终止招标的，应当及时发布公告，或者以书面形式通知被邀请的或者已经获取资格预审文件、招标文件的潜在投标人。已经发售资格预审文件、招标文件或者已经收取投标保证金的，招标人应当及时退还所收取的资格预审文件、招标文件的费用，以及所收取的投标保证金及银行同期存款利息。"《工程建设项目施工招标投标办法》第十五条规定："……招标文件或者资格预审文件售出后，不予退还。除不可抗力原因外，招标人在发布招标公告、发出投标邀请书后或者售出招标文件或资格预审文件后不得终止招标。"依据《民法典》第五百条规定，招标人违背诚信原则，无正当理由终止招标给投标人造成损失，须承担缔约过失责任。招标人如果有客观合法的理由，履行书面通知、退还费用等义务即可。

125. 招标文件规定"无论什么原因招标人终止招标都不承担法律责任"的条款是否有效？

问：招标人为了规避终止招标的法律风险，经常在招标文件中规定类似内容："招标人有权在授标之前拒绝任何投标或终止招标程序，不论什么原因都不承担由于招标终止而产生的任何责任。"上述规定是否有效？

答：关于终止招标的行政法律责任是由行政法规作出的强制性规定，招标文件中关于招标人终止招标不承担法律责任的规定与行政法规冲突，是无效的。

关于招标人终止招标是否需要承担民事责任，笔者认为，该招标文件中的免责规定涉嫌违反《民法典》第四百九十七条的规定，提供格式条款一方不合理地免除或者减轻其责任、加重对方责任、限制对方主要权利或者提供格式条款一方排除对方主要权利的，该格式条款无效。故上述招标文件的规定不影响招标人单方终止招标时所需承担的民事责任。

126. 招标失败项目未进行结果公示就重新采购是否妥当？

问：某国有企业服务类采购项目，不属于依法必须进行招标的项目，采购人自行采用招标的方式进行采购。评标委员会对所有投标文件进行评审后发现，均存在重大偏差，于是对所有投标文件进行了否决，本项目流标。招标人在知晓项目流标后随即要求招标代理机构重新发布招标公告，招标代理机构却认为应先将本次采购结果进行公示，若所有投标人均未提出异议，才能进行重新招标。请问，本招标项目流标，需要进行结果公示吗？

答：项目流标可以不进行结果公示。

《招标投标法实施条例》第五十四条规定："依法必须进行招标的项目，招标人应当自收到评标报告之日起 3 日内公示中标候选人，公示期不得少于 3 日。"《招标公告和公示信息发布管理办法》第六条中也对依法必须招标项目的中标候选人公示和中标结果公示进行了规定。

本案例中所有投标文件均已被评标委员会否决，属于项目招标失败，不存在所谓的中标候选人和中标结果，自然没有依此规定进行公示一说。至于项目流标是否应当公示，法律法规未作要求，应按照招标人企业的内部规定执行。

127. 依法必须招标项目符合哪些情形将导致重新招标？

问：重新招标，是招标项目发生法定事由，无法继续进行开标、评标、定标或者中标无效，当次招标失败后，重新组织开展项目采购的一种选择。请问，依法必须招标项目哪些情形下将导致重新招标？

答：一般情况下，发生以下几种情形的，必须重新招标：

（1）资格预审合格的潜在投标人不足三个的。

（2）在投标截止时提交投标文件的投标人少于三个的。

（3）所有投标均被否决的。

（4）评标委员会否决不合格投标后，因有效投标不足三个使得投标明显缺乏竞争，评标委员会决定否决全部投标的。

（5）因评标、定标工作不能如期完成需延长投标有效期，但同意延长投标有效期的投标人少于三个的。

另外，根据《招标投标法实施条例》第五十五条规定，排名第一的中标候选人放弃中标、因不可抗力不能履行合同、不按照招标文件要求提交履约保证金，或者被查实存在影响中标结果的违法行为等情形，不符合中标条件的，招标人可以按照评标委员会提出的中标候选人名单排序依次确定其他中标候选人为中标人，也可以重新招标。该条例第八十一条规定，依法必须进行招标的项目的招标投标活动违反《招标投标法》和《招标投标法实施条例》的规定，对中标结果造成实质性影响，且不能采取补救措施予以纠正的，招标、投标、中标无效，应当依法重新招标或者评标。

128. 招标项目重新招标后又失败的，应当如何处理？

问：某公司的招标活动经常会出现两次招标失败的情形，对此应当如何处理？是继续进行招标还是可以采取其他采购方式完成采购任务？

答：对于重新招标后投标人仍少于三个的情形，属于依法必须审批、核准的工程建设项目招标的，报经原审批、核准部门审批、核准后可以不再进行招标；其他工程建设项目，招标人可自行决定不再进行招标。

对于重新招标后所有投标都被否决的情形，法律没有明确规定，建议参照上述"重新招标后投标人仍少于三个的情形"处理。

对于重新招标后进入详评的投标人不足三个的，建议综合考虑工期、市场实际竞争情况等，判断是否因剩余投标人缺乏竞争力而必须否决所有投标人。

第三篇

▼

投　标

第一章　投标人的主体资格

129. 投标人是否必须为企业法人？

问：某公司工程建设项目公开招标，招标文件中要求投标人必须是能够独立承担法律责任的企业法人，该要求合理吗？

答：不合理。

根据《招标投标法》第二十五条规定："投标人是响应招标、参加投标竞争的法人或者其他组织。依法招标的科研项目允许个人参加投标的，投标的个人适用本法有关投标人的规定。"该法并未将投标人仅限于企业法人。进而，《招标投标法实施条例》第三十二条第二款第六项规定："依法必须进行招标的项目非法限定潜在投标人或者投标人的所有制形式或者组织形式的，属于以不合理条件限制、排斥潜在投标人或者投标人。"

本案例中，招标文件中要求投标人必须是能够独立承担法律责任的企业法人，不符合上述规定；当然，如果招标项目需要具备建筑业企业资质才可以承担，且该资质仅颁发给企业法人，则要求必须是企业法人才可以投标是合法的。

130. 分公司能否以自己的名义参与投标活动?

问:一些公司法人为了经营的便利,在不同地区或者按照经营项目不同设立多个分公司从事经营活动,这些分公司能否以自己的名义参与投标?

答:《民法典》第七十四条规定:"依法设立的分支机构可以以自己的名义从事民事活动,产生的民事责任由法人承担;也可以先以该分支机构管理的财产承担,不足以承担的,由法人承担。"据此,分公司可以以自己的名义从事一般的民事活动,包括可以以自己的名义从事招标投标活动。而且,《招标投标法》第二十五条第一款规定:"投标人是响应招标、参加投标竞争的法人或者其他组织。"法人分支机构属于上述法条中的其他组织。因此,分公司可以以自己的名义从事招标投标活动。但工程建设项目有一定的特殊性,为了保证建筑工程质量,依据《建筑法》《招标投标法》《建筑业企业资质标准》相关规定,分公司不能以自己的名义取得建筑业企业资质证书,故不可以参与工程建设项目的投标。

131. 工程施工项目的投标人能否是分公司或自然人?

问:某合同估算价 48 万元的小型拦水坝建设项目,招标文件未限制投标人的组织形式,那么分公司和自然人是否属于该项目的适格投标主体?

答:工程施工项目的投标人主体不含分公司和自然人。

A公司、B公司的法定代表人为夫妻关系，A公司、C公司的法定代表人为兄弟关系。那么，A公司、B公司、C公司还能参与同一项目投标吗?

答：A公司、B公司、C公司可以参与同一项目投标。

《招标投标法实施条例》第三十四条第二款规定："单位负责人为同一人或者存在控股、管理关系的不同单位，不得参加同一标段投标或者未划分标段的同一招标项目投标。"单位负责人，是指单位法定代表人或者法律、行政法规规定代表单位行使职权的主要负责人。

本案例中，A公司、B公司法定代表人为夫妻关系，A公司、C公司法定代表人为兄弟关系，均不属于"单位负责人为同一人"的情形。故，A公司、B公司、C公司可以参与同一项目的投标。

134. 同一集团下的两个子公司能否参与同一项目的投标?

问：A公司、B公司同属C集团旗下的子公司，C集团对A公司持股55%，对B公司持股70%，并有正常业务往来。现A公司与B公司同时参与某一工程项目投标，法律上是否允许?

答：A公司与B公司可同时参与投标。

《招标投标法实施条例》第三十四条规定："与招标人存在利害关系可能影响招标公正性的法人、其他组织或者个人，不得参与投标。单位负责人为同一人或者存在控股、管理关系的不同单位，不得参与同一标段投标或者未划分标段的同一招标项目投标。违反前两款规定的，相关投标均无效。"基于公平原则，法律并未禁止同一集团控股下的数个子公司同时参与同一标包的投标。

本案例中，A公司、B公司虽同被C集团控股，如不存在相互控股、管理关系或法定代表人为同一人的情形，就可以同时参与同一项目的投标。

135. 同一公司下的两个分公司是否能参与同一项目的投标？

问：A公司、B公司同属C公司的分公司，A公司、B公司均依法设立并有营业执照，分别负责C公司的不同业务。现A公司与B公司同时参与同一工程货物采购项目投标，法律上是否允许？

答：不允许。

同一投标人只能投一个标。《民法典》第七十四条规定，法人可以依法设立分支机构。法律、行政法规规定分支机构应当登记的，依照其规定。分支机构以自己的名义从事民事活动，产生的民事责任由法人承担；也可以先以该分支机构管理的财产承担，不足以承担的，由法人承担。根据该条规定，法人分支机构作为法人的组成部分，由法人依法设立，在法人主要活动地点以外的一定领域内，实现法人的全部或部分职能。分支机构以自己的名义从事的民事活动，对法人直接产生权利义务，并构成整个法人权利义务的一部分。法人分支机构，在性质上属于法人的组成部分，不具有独立责任能力，其行为的效果仍由法人承担。《公司法》第十三条第二款也规定，公司可以设立分公司。分公司不具有法人资格，其民事责任由公司承担。因此，同一公司下的数个分公司不能参与同一项目的投标。因此，若 A 公司、B 公司进行同一项目投标，实际上令 C 公司拥有两次中标机会，违反公平原则，法律对此类情形予以禁止。

136. 母子公司共同投标，招标人可以拒收其投标文件吗？

问：某招标采购项目，投标人 A 与投标人 B 之间为母子公司关系，在投标截止时间前，招标人发现此情形，遂以二者之间存在法律禁止的关联关系为由拒收其投标文件。请问，招标人的该种做法是否合理？

答：该做法不合理。

《招标投标法实施条例》第三十六条第一款规定："未通过资格预审的申请人提交的投标文件，以及逾期送达或者不按照招标文件要求密封的投标文件，招标人应当拒收。"由此可见，招标人依法应当拒收的投标文件有三种：一是未通过资格预审申请的申请人提交的投标文件；二是逾期送达的投标文件；三是未按照招标文件要求密封的投标文件。招标人不得随意扩大拒收投标文件的范围。

虽然《招标投标法实施条例》第三十四条第二款规定"单位负责人为同一人或者存在控股、管理关系的不同单位，不得参与同一标段投标或者未划分标段的同一招标项目投标"，但该条款的规制对象是投标人，即投标人之间存在该条款禁止的关联关系的，应当主动避免参与投标或自觉退出投标。

137. 子公司是否可以借用母公司资质参与投标？

问：甲公司是乙公司的控股子公司，甲公司不具有某专业工程施工企业资质，是否可以借用乙公司的资质参与投标？

答：不可以。

《招标投标法》第三十三条规定："投标人不得以他人名义投标或者以其他方式弄虚作假，骗取中标。"《建筑法》第六十六条规定，建筑施工企业转让、出借资质证书或者以其他方式允许他人以本企业的名义承揽工程的，责令改正，没收违法所得，并处以罚款，可以责令停业整顿，降低资质等级；情况严重的，吊销资质证书。母公司与子公司虽然在事实上是控股关系，但是在法律上却属于两个独立的民事主体，子公司借用母公司资质进行投标也就是以其他人名义进行投标，即使中标也应认定为无效。

138. 某公司控股一招标项目的招标代理机构，其分公司能否参与该招标项目的投标？

问：某招标代理机构受委托组织一工程货物项目的招标，A公司为此代理机构的控股公司，其分公司参与了该招标项目的投标。经评审，A公司的分公司综合排名第一。在中标候选人公示阶段，参与投标的B公司提出异议称A公司与代理机构之间存在控股关系，应当取消其分公司的中标候选人资格。请问，该异议合理吗？

答：是否取消其中标候选人资格应根据招标文件的具体规定来判定。

《公司法》第十三条第二款规定"公司可以设立分公司。分公司不具有法人资格，其民事责任由公司承担"。一般来说，在投标人主体资格上A公司与其分公司应视同一致。《招标投标法》《招标投标法实施条例》及有关部门规章中仅规定"招标代理机构不得在所代理的招标项目中投标或者代理投标，也不得为所代理的招标项目的投标人提供咨询"，而投标人与代理机构之间存在控股关系并未被限制投标。

虽法无禁止，但为了招标投标活动能规范开展，相关国家标准招标文件对此种情形予以了禁止，如《标准监理招标文件》第一章"投标人须知"中规定"投标人不得存在的情形包括与本标段的监理人或代建人或招标代理机构相互控股或参股"。其他标准招标文件也有类似规定。故当招标文件中采用了标准招标文件的此条规定时，应取消该分公司的中标候选人资格。

139. 施工项目的招标代理和监理可以是同一家单位吗？

问：某工程施工项目的招标代理机构和监理单位为同一家单位 A 公司，请问该种情形合规吗？

答：合规。

工程监理和招标代理都是业主单位职能的延伸，二者均属于目前我国大力推广的全过程工程咨询中的服务内容。《国家发展改革委 住房城乡建设部关于推进全过程工程咨询服务发展的指导意见》（发改投资规〔2019〕515 号）指出"在房屋建筑、市政基础设施等工程建设中，鼓励建设单位委托咨询单位提供招标代理、勘察、设计、监理、造价、项目管理等全过程咨询服务，满足建设单位一体化服务需求，增强工程建设过程的协同性"，"工程建设全过程咨询服务应当由一家具有综合能力的咨询单位实施，也可由多家具有招标代理、勘察、设计、监理、造价、项目管理等不同能力的咨询单位联合实施"。中国建筑业协会编写的《全过程工程咨询服务管理标准》（T/CCIAT 0024-2020）中对全过程工程咨询服务的定义为："对建设项目全生命周期提供的组织、管理、经济和技术等各有关方面的工程咨询服务。包括项目的全过程工程项目管理以及投资咨询、勘察、设计、造价咨询、招标代理、监理、运行维护咨询、BIM 咨询及其他咨询等全部或部分专业咨询服务"。

可见，施工项目的招标代理服务与监理服务由同一家单位提供并不违反相关法律规定，而且符合工程管理的逻辑。

140. 接受委托编制标底的中介机构能否为投标人提供投标咨询？

问：A 公司委托 B 中介机构为其招标项目编制标底，C 公司对此事不知情，委托 B 公司作为专业招标投标咨询机构为其修改投标文件并对投标事宜提供咨询，B 公司接受 C 公司委托，法律是否允许？

答：不允许。

《招标投标法实施条例》第二十七条规定："招标人可以自行决定是否编制标底。一个招标项目只能有一个标底。标底必须保密。接受委托编制标底的中介机构不得参加受托编制标底项目的投标，也不得为该项目的投标人编制投标文件或者提供咨询。"因此，编制招标项目标底的组织机构不能再进行该项目的投标或为投标人提供咨询，咨询过程中，中介机构很可能泄露标底或暗示标底情况，对其他投标人不公平，并对招标投标管理秩序产生极大危害，因此法律不允许这种利益冲突行为。

141. 参与招标项目前期准备的单位，能不能参与施工投标？

问：工程建设项目招标，哪些参与前期准备工作范围的单位不能参与施工投标活动?

答:《工程建设项目施工招标投标办法》第三十五条规定:"……为招标项目的前期准备或者监理工作提供设计、咨询服务的任何法人及其任何附属机构(单位),都无资格参加该项目的投标。"为招标项目前期准备提供的咨询服务包括规划咨询、投资机会研究、项目建议书、可行性研究(含专项评价评估)的编制、项目管理、勘察、设计、招标代理、造价、监理等咨询服务。其中,监理工作是指《建设工程质量管理条例》所规范的工程建设项目监理。参与以上工作的单位,都不能参与同一项目的施工投标。

142. 投标人有十几起诉讼案件,是否按照列入失信被执行人认定其不具备合格的投标资格?

问:招标文件规定"投标人未被信用中国网列入失信被执行人名单",某第一中标候选人未被列入失信黑名单,但有十几起诉讼案件,第二中标候选人提出异议,认为第一中标候选人投标资格不合格,其异议能否成立?

答:不成立。

《招标投标法实施条例》第五十六条规定:"中标候选人的经营、财务状况发生较大变化或者存在违法行为,招标人认为可能影响其履约能力的,应当在发出中标通知书前由原评标委员会按照招标文件规定的标准和方法审查确认。"其重点在于确定中标候选人发生的变化是否会影响履约能力,在确定中标人期间，第一中标候选人因涉案件数较多，经营状况发生较大变化可能影响履约能力的，第二中标候选人可以提出异议，招标人应在发出中标通知书前尽快组织评标委员会对中标候选人的履约能力进行审查，依法维持原评标结果或重新确定中标人。

143. 近三年存在弄虚作假骗取中标的行为必然属于投标限制情形吗？

问：某项目招标文件"投标人须知"第1.4.3条规定投标人不得在近三年内有骗取中标的情形，投标人须知前附表又规定"骗取中标情形"应以有关行政主管部门出具的已生效的行政处罚决定书为依据。某公司参与投标前一个月在参与其他项目投标时业绩弄虚作假，被有关部门进行信用扣分处理，并进行公示。请问，该公司现在能否参与项目投标？

答：《招标投标法》第四十条规定，评标委员会应当按照招标文件确定的评标标准和方法，对投标文件进行评审和比较。《评标委员会和评标方法暂行规定》第十七条第一款规定，招标文件中没有规定的标准和方法不得作为评标的依据。因此，在招标文件明确规定的投标限制情形中的"骗取中标"应以有关行政主管部门出具的已生效的行政处罚决定书为依据，而潜在投标人并未被有关行政机关进行行政处罚，则不存在限制投标情形，故其可以参与该项目投标。

144. 总公司投标可否使用分公司人员作为项目技术人员参与投标？

问：总公司投标能否使用分公司人员作为项目拟派出的技术人员？

答：可以。

《公司法》第十三条规定，公司可以设立分公司。分公司不具有法人资格，其民事责任由公司承担。《民法典》第七十四条规定，法人可以依法设立分支机构。法律、行政法规规定分支机构应当登记的，依照其规定。

按照前述规定，分公司是公司在其住所地以外设立的从事经营活动的机构，不具有企业法人资格，属于总公司的组成部分。故而总公司投标时使用分公司人员作为技术人员，并不违法。

145. 项目初步设计的单位，可以参与该项目工程总承包EPC投标吗？

问：为招标项目提供初步设计的单位，是否可以参与工程总承包 EPC 投标？

答：《住房城乡建设部关于进一步推进工程总承包发展的若干意见》（建市〔2016〕93 号），未规定初步设计等前期咨询单位不可以参与 EPC 投标。

但是《房屋建筑和市政基础设施项目工程总承包管理办

第二章　现场踏勘

146. 招标人可否组织潜在投标人踏勘项目现场?

问：A公司在招标活动中，为确保投标人更加了解工程项目，拟组织潜在招标人踏勘现场，是否允许?

答：《招标投标法》第二十一条规定："招标人根据招标项目的具体情况，可以组织潜在投标人踏勘项目现场"；第二十八条规定："招标人不得组织单个或者部分潜在投标人踏勘项目现场"。因此，允许招标人组织潜在投标人踏勘项目现场。

147. 现场踏勘是否需要组织全部投标人参与?

问：某建设工程项目，招标人拟组织投标人踏勘项目现场，招标人能否仅组织部分投标人参与踏勘?

答：不可以，应当组织全部潜在投标人踏勘项目现场。

《招标投标法实施条例》第二十八条规定："招标人不得组织单个或者部分潜在投标人踏勘项目现场。"因此，招标人可以组织潜在投标人踏勘项目现场，但是不得只组织单个或部分潜在投标人踏勘项目现场，必须组织全部潜在投标人踏勘项目现场，才能保证投标的公平性。

148.组织踏勘现场或投标预备会议上可否点名或组织签名？

问：招标人组织潜在投标人踏勘现场或者参加投标预备会议，能否集中进行点名或签名，以确认潜在投标人是否到场？

答：不能。

《招标投标法》第二十二条规定："招标人不得向他人透露已获取招标文件的潜在投标人的名称、数量以及可能影响公平竞争的有关招标投标的其他情况。"也就是说，在开标之前，潜在投标人的名称、数量都应当保密，防止串通投标，这是招标人的法定义务。在组织踏勘现场或投标预备会议上，如果点名或组织潜在投标人签名，都可能泄露潜在投标人的名称、数量，违反上述保密规定。因此，招标人在组织踏勘现场或投标预备会议上不得点名或组织集中签名。如确有必要确认潜在投标人是否到场，招标人可以逐一要求到场的潜在投标人单独报名或签名。

149. 潜在投标人现场踏勘提出的问题，招标人是否只对该潜在投标人以书面方式进行回复？

问：某建设项目的潜在投标人 A 在现场踏勘的过程中就招标文件的内容提出疑问，招标人以书面形式通知该提出疑问的潜在投标人，是否允许？

答：允许招标人以书面形式解答疑问，但需同时将书面解答通知所有招标文件收受人，不能只回复疑问提出者。如《工程建设项目勘察设计招标投标办法》第十七条规定："对于潜在投标人在阅读招标文件和现场踏勘中提出的疑问，招标人可以书面形式或召开投标预备会的方式解答，但需同时将解答以书面方式通知所有招标文件收受人。该解答的内容为招标文件的组成部分。"

第三章　投标文件

150. 投标单位未提交投标保证金收据，其投标文件是否应被拒收？

问：某单位实际上通过银行转账的方式缴纳了投标保证金，但在投标时其未提交投标保证金收据，招标代理工作人员能否拒绝接收该单位的投标文件？

答：根据《招标投标法实施条例》第三十六条和《工程建设项目施工招标投标方法》第三十八条、第五十条规定，拒收投标文件的法定情形有三种：一是资格预审项目未通过资格审查的申请人提交的投标文件；二是逾期提交的投标文件；三是密封不合格的文件。该投标文件如不符合上述情形，应予以接收。

针对投标人未及时提交投标保证金收据的情形，实践中比较合理的处理方式是招标人接收该投标文件，并按规定程序唱标后交由评标委员会进行评审。招标人发现投标人未提交投标保证金收据时，可以通过与银行对账等方式核实投标保证金是否全额、及时缴纳再作出评判。

151. 投标人放弃投标，招标人该如何处理？

问：开标后在评标阶段，某投标人向招标人来函，表明自动放弃本次投标，对此招标人应如何处理？

答：招标人可以不退还投标保证金。

《招标投标法实施条例》第三十五条规定："投标人撤回已提交的投标文件，应当在投标截止时间前书面通知招标人。招标人已收取投标保证金的，应当自收到投标人书面撤回通知之日起 5 日内退还。投标截止后投标人撤销投标文件的，招标人可以不退还投标保证金。"本案例中，投标人在投标截止时间之后放弃投标，实质上就是撤销投标，评标委员会应不对其投标文件进行评审，招标人可不退还其投标保证金。

152. 投标人参加投标发生的费用应由谁承担？

问：投标人为了参加投标，会发生标书编制费、印刷费、差旅费等投标成本，这些费用应当由谁承担？招标人应否补偿该笔费用？

答：投标费用是投标人必要的管理成本，通常做法是以投标人自行承担投标费用为原则，以招标人补偿投标费用为例外。根据《建筑工程方案设计招标投标管理办法》第三十八条规定，建筑工程方案设计招标项目一般会考虑对投标费用给予补偿。招标人是否补偿投标费用，应在招标文件中明确表述。如《标准施工招标文件》第 1.5 条规定："投标人准备和参加投标活动发生的费用自理"。因此,实践中,常见招标文件约定"投标人参加本次招标投标项目所支出的成本和费用,不论中标与否,均由其自行承担",不违反法律规定,也符合交易惯例。当然,法律也不禁止招标人对投标人的投标成本予以补偿。

153. 招标人可否提前开标或接收迟到的投标文件?

问:某公司组织开标,当所有投标人都同意时,可否提前开标或接收迟到的投标文件?

答:《招标投标法》第二十四条规定:"招标人应当确定投标人编制投标文件所需要的合理时间;但是,依法必须进行招标的项目,自招标文件开始发出之日起至投标人提交投标文件截止之日止,最短不得少于 20 日。"招标人为了压缩工期,如果要求提前开标,缩短等标期,且即使所有的潜在投标人都认为不影响编制投标文件,同意招标人提前开标的要求,也因违反上述规定而无效。但对于非依法必须招标项目而言,并不要求等标期不少于 20 日,故招标人直接修改开标时间并提前通知潜在投标人即可。

另外,《招标投标法》第二十八条规定,在招标文件要求提交投标文件的截止时间后送达的投标文件,招标人应当拒收,这是强制性法律规定。即使所有投标人同意,招标人也不得接收迟到的投标文件。

154. 投标人能否同时递交多份投标文件？

问："一标一投"是招标投标的基本原则，投标人在什么情况下可以同时递交多份投标文件？

答：根据《招标投标法实施条例》第五十一条规定："有下列情形之一的，评标委员会应当否决其投标：……（四）同一投标人提交两个以上不同的投标文件或者投标报价，但招标文件要求提交备选投标的除外。"因此，招标人可以允许投标人提交备选方案。只有在招标文件允许提交备选方案的情况下，投标人才可以同时递交多份投标文件。

需要注意的是，如果招标文件允许提交备选方案，但投标人只提交一种投标方案而未提交备选方案的，则不宜强制投标人提交备选方案，也不能作为非实质性响应而否决其投标。此外，在机电产品国际招标中，仅允许提交一个备选方案，且备选方案的投标价格不得高于主选方案。对于国内招标，招标文件可自行规定备选方案数量，但一般以一个为宜。

155. 哪些情形下招标人可以拒收投标文件？招标人接收了应当拒收的投标文件是否应承担法律责任？

问：某建设工程项目投标人在递交投标文件时，未将投标文件进行密封而递交给招标代理机构，招标代理机构工作人员未经检查即接收该投标文件，请问招标代理机构能否接收未按照要求密封的投标文件？接收了会受到什么处罚？

答：根据《招标投标法》第二十八条、《招标投标法实施条例》第三十六条及《工程建设项目施工招标投标办法》相关规定，招标人在以下情形下应当拒收投标文件：

（1）在招标文件要求提交投标文件的截止时间后送达的投标文件。

（2）未通过资格预审的申请人提交的投标文件。

（3）不按照招标文件要求密封的投标文件。

招标人接受应当拒收的投标文件的，根据《招标投标法实施条例》第六十四条规定，由有关行政监督部门责令改正，可以处 10 万元以下的罚款，对单位直接负责的主管人员和其他直接责任人员依法给予处分。

156. 提交投标文件截止时间前，投标人可否补充、修改或撤回投标文件？

问：投标人递交投标文件之后，如果发现文件有遗漏、内容有错误或者想放弃投标，在投标截止时间之前，可否补充、修改或撤回投标文件？

答：可以。

根据《招标投标法》第二十九条和《招标投标法实施条例》第三十五条规定，投标人在招标文件要求提交投标文件的截止时间前，投标人发现其投标文件有遗漏或错误的，可以补充、修改投标文件，也可以撤回已提交的投标文件，并书面通知招标人。补充、修改的内容为投标文件的组成部分。

157. 投标截止时间后投标人来函表示撤销投标的，招标人可否接受？

问：某公司一招标项目开标以后，有一投标人来函声明因其工作失误，报价低于成本，如果中标无法履约，申请放弃该投标。对该投标人的撤销投标请求，能否接受？

答：不可以。

根据《工程建设项目施工招标投标办法》第四十条、《工程建设项目勘察设计招标投标办法》第二十五条、《工程建设项目货物招标投标办法》第三十六条等规定，在提交投标文件截止时间后到招标文件规定的投标有效期截止前，投标人不得撤销其投标文件，否则招标人可以不退还其投标保证金。

158. 投标人提交的投标文件内容不全时，可否不开标？

问：在接收投标文件时，发现某公司只提交了技术投标文件和报价函（均单独密封提交），唯独缺少商务部分的投标文件。对这种情况，不予接收、不予开标还是当场宣布其投标无效？

答：根据《招标投标法实施条例》第三十六条规定，投标人应在投标截止时间前递交投标文件，招标人可以拒收的情形包括在截止时间后递交、未按要求密封等。可以看出，投标人在递交投标文件时，招标人或招标代理机构仅进行形式审核，并不审核投标人递交的投标文件内容，并且投标文件此时为密封状态，招标人或招标代理机构也无法检查投标文件内容的完整性。因此，只要投标人按招标文件要求递交投标文件，招标人或招标代理机构就应接收递交的投标文件，并且正常开标并对其内容不全予以记录提交评标委员会评判。进入初评后，对于仅提交部分投标文件且实质性内容缺失的，评标委员会可按投标文件内容不全或未响应实质性内容而否决其投标。

联合体各方均应当具备承担招标项目的相应能力；国家有关规定或者招标文件对投标人资格条件有规定的，联合体各方均应当具备相应资格条件。由同一专业的单位组成的联合体，按照资质等级较低的单位确定资质等级。"联合体也应具备招标文件要求的资质。本案例中，招标文件要求联合体应具有消防设施工程专业承包二级及以上资质，按照联合体成员"同一资质就低"原则处理，A公司和B公司联合体成员中其中一方不具有该资质，视为该联合体不具有该资质；C公司和D公司联合体成员中其中一方的资质等级为三级，视为该联合体只具有消防设施工程专业承包三级资质，上述两个联合体资质条件均不合格，因此其投标均无效。

161. 投标过程中联合体能否增减或变更成员？

问：A公司和B公司组成联合体参加D公司组织的招标。在通过资格预审后，又将资质更高、业绩更好、实力更强的C公司拉进联合体参与投标，是否允许？

答：不允许。

《招标投标法实施条例》第三十七条规定，招标人接受联合体投标并进行资格预审的，联合体应当在提交资格预审申请文件前组成。资格预审后联合体增减、更换成员的，其投标无效。联合体成员最迟应在向招标人提交资格预审文件前确定。联合体视为一个投标人，成员变更会影响其资格审查结果，变更后的联合体已非原通过资格审查合格的"联合体",故其投标无效。

162. 联合体一方可否将工程内容分包给联合体另一方？

问：A 公司与 B 公司采用联合体形式投标，联合体协议规定 A 公司负责设计与采购，B 公司负责施工，现 B 公司将施工业务分包给 A 公司，可以吗？

答：不可以。

《招标投标法》第四十八条规定，中标人应当按照合同约定履行义务，完成中标项目。中标人不得向他人转让中标项目，也不得将中标项目支解后分别向他人转让。联合体中标后，各成员方应共同与招标人签订合同，各自按照联合体协议和合同亲自履行合同。联合体一方如果将其分工内的任务转让给联合体另一方，也构成"转包"。《建筑工程施工发包与承包违法行为认定查处管理办法》第八条第二款明确规定，两个以上的单位组成联合体承包工程，在联合体分工协议中约定或者在项目实际实施过程中，联合体一方不进行施工也未对施工活动进行组织管理的，并且向联合体其他方收取管理费或者其他类似费用的，视为联合体一方将承包的工程转包给联合体其他方。

163. 中标后联合体成员可以在签订合同时单独退出吗？

问：A、B 两家公司组成的联合体参与某隧道工程项目勘察设计投标，其中联合体协议约定 A 公司负责勘察业务，B

公司负责设计业务。联合体中标后，B公司拒绝签订合同，A公司是否可以继续单独承揽勘察业务？

答：《招标投标法》第三十一条第一款规定，两个以上法人或者其他组织可以组成一个联合体，以一个投标人的身份共同投标。由此可见，联合体是由两个以上法人或者其他组织共同组成的投标人，是一个特殊的招标投标活动参与者。联合体成员"退出"即意味着这个特殊主体身份消灭。《招标投标法》第三十一条第三款规定，联合体各方应当签订共同投标协议，明确约定各方拟承担的工作和责任，并将共同投标协议连同投标文件一并提交招标人。联合体中标的，联合体各方应当共同与招标人签订合同，就中标项目向招标人承担连带责任。那么，如联合体成员拒绝签订合同，其不利后果应当由联合体承担。这一点，与《招标投标法实施条例》第三十七条第二款规定的"资格预审后联合体增减、更换成员的，其投标无效"有相通之处。因此，虽然联合体成员的分工不同，但是任一联合体成员放弃中标或者拒绝签订合同，都应视为联合体放弃中标或者拒绝签订合同，应当承担《招标投标法实施条例》第七十四条规定的相关法律责任。因此，A公司不能继续承揽勘察业务。

第五章 投标担保

164. 招标人收取招标项目估算价5%的投标保证金是否合规?

问:招标人在招标文件中要求投标人按照招标项目估算价的 5% 提交投标保证金,是否合法?

答:不合法。

《招标投标法实施条例》第二十六条规定:"招标人在招标文件中要求投标人提交投标保证金的,投标保证金不得超过招标项目估算价的 2%。"该条例第六十六条还规定,招标人超过本条例规定的比例收取投标保证金、履约保证金或者不按照规定退还投标保证金及银行同期存款利息的,由有关行政监督部门责令改正,可以处 5 万元以下的罚款;给他人造成损失的,依法承担赔偿责任。故此,本案例中,招标人收取招标项目估算价 5% 的投标保证金违反法律规定。

165. 招标文件可否规定在投标截止时间前3日缴纳投标保证金?

问:请问招标文件中规定"投标人必须在投标截止之日

其基本账户开户银行开具?

答:《招标投标法实施条例》第二十六条第二款规定,依法必须进行招标的项目的境内投标单位,以现金或者支票形式提交的投标保证金应当从其基本账户转出。

从上述规定来看,如果投标人以现金或者支票形式提交投标保证金的,应当从其基本账户转出。而投标人以保函形式提交投标担保的,现行规定并未强制性要求投标保函必须由基本账户开户银行开具。而且,《国家发展改革委等部门关于完善招标投标交易担保制度进一步降低招标投标交易成本的通知》(发改法规〔2023〕27号)特别规定,任何单位和个人不得为投标人、中标人指定出具保函、保单的银行、担保机构或保险机构。

169. 投标人以银行保函形式提交投标保证金,招标人需向其退还保证金利息吗?

问:招标人 A 以公开招标的方式采购某工程项目,投标人 B 以银行保函的形式提交了投标保证金,最终 B 未中标,于是 B 以《招标投标法实施条例》第五十七条第二款为依据向 A 提出退还保证金利息的申请。请问,招标人需向其退还保证金利息吗?

答:不需要。

投标保证金的常见形式有以下三类:一是现金,二是银行出具的支票、汇票,三是金融机构、担保机构出具的保函或保险公司出具的保证保险。投标人 B 根据《招标投标法实施条例》要求退还银行同期利息从字面上看似乎是符合法律规定的，但招标人实质上收到的仅仅是银行向招标人开立的担保凭证，其并未占有投标保证金，更无从获得该保证金的"银行同期存款利息"。

就此问题，《招标投标法实施条例释义》作出如下阐释：当投标人使用银行担保函或其他第三方信用担保等不发生银行存款利息的保证金时，不存在利息退还问题。2017 年版的国家标准招标文件载明："投标保证金以现金或者支票形式递交的，还应退还银行同期存款利息。"

170. 投标人申请撤销年度投标保证金但款项尚未到账的情形下，该投标保证金是否还有效？

问：投标人 A 在招标代理机构 B 处缴纳了有效期一年的年度保证金，约定一年内参与 B 组织的招标项目不必再缴纳单项保证金。随后，投标人 A 书面提出申请，要求撤销该笔年度保证金。但在 B 办理退款期间，A 参加了 B 组织的某单项招标项目。评标阶段，A 在给出澄清中称其虽已提出了申请，但并未收到 B 的退款，那么投标保证金应当是有效的。请问，此投标人的说法合理吗？

答：不合理。

投标保证金是投标人按照招标文件规定的形式和金额向招标人递交的，约束投标人履行其投标义务的担保。为了方便起见，有的招标代理机构约定了年度保证金的投标担保方式，缴纳了年度投标保证金的投标人，在该年度有效时间内参与该招标代理机构组织的单项招标不用再缴纳单项保证金。本案例中，投标人 A 已申请撤回年度保证金，不论钱款是否到账，均表明其放弃选择通过年度保证金的方式对后面的投标活动提供担保，自申请撤销送达 B 处起，该年度保证金已不再具备原有的担保功能。投标人 A 参加本次项目投标，应当选择撤回年度保证金的撤销申请，或者选择缴纳该项目的单项投标保证金。

171. 依法必须招标的项目，招标文件规定只接受现金形式的投标保证金是否妥当？

问：某依法必须招标的项目，招标人为更好地约束投标人的投标行为，在招标文件要求投标人提交现金形式的投标保证金，否则投标无效。招标人的做法是否妥当？

答：不妥。

实践中，时常有从业人员将"投标保证金"理解为投标保证"现金"，这是错误的。投标保证金的形式并不局限为现金，《招标投标法实施条例释义》《工程建设项目施工招标投标办法》《工程建设项目货物招标投标办法》均列举了投标保证金的形式，即现金、银行汇票、本票、支票、保函等。《国家发展改革委等部门关于完善招标投标交易担保制度进一步降低招标投标交易成本的通知》（发改法规〔2023〕27 号）

规定："招标人应当同时接受现金保证金和银行保函等非现金交易担保方式，依法必须招标项目的招标人不得强制要求投标人、中标人缴纳现金保证金。"

172. 确定中标人后，投标保证金何时清退？

问：工程建设项目招标确定中标人后，对中标人和其他投标人缴纳的投标保证金，招标人应当如何处理？

答：根据《招标投标法实施条例》第五十七条第二款规定，招标人最迟应当在书面合同签订后 5 日内向中标人和未中标的投标人退还投标保证金及银行同期存款利息。

173. 退还中标候选人以外的投标保证金必须等到合同签订后吗？

问：招标结束，招标人应当退还保证金，其中对于未中标的投标人的投标保证金，是否也必须要等到与中标人签订合同后才能退还？

答：按照《招标投标法实施条例》第五十七条第二款规定，招标人最迟应当在书面合同签订后 5 日内向中标人和未中标的投标人退还投标保证金及银行同期存款利息。据此，法律只规定了退还投标保证金的最晚时间，招标人可以根据项目的具体情况来确定退还时间。当然，还要执行当地的规定，如莆田市住房和城乡建设局《关于进一步规范房屋建筑和市政基础设施工程投标、履约和质量保证金管理工作的通知》就规定，投标保证金在中标公示期结束后的 5 日内（因投标人提出异议或投标可能造成重新评标的，在投诉处理完毕后 5 日内，但应告知投标人推迟退还投标保证金的原因），退还中标候选人以外的投标保证金。

174. 投标保函被保险人是公共资源交易中心时如何进行保险索赔？

问：投标保函的被保险人（受益人）是某市公共资源交易中心，出现可以不退还投标保证金的情形时，应由谁进行索赔？

答：根据《招标投标法实施条例》第二十六条、第三十五条和《工程建设项目施工招标投标办法》第三十七条、第四十条等规定，投标保证金由投标人按照招标文件要求向招标人递交，且由招标人收取、退还或者不退还，也就是说投标保函的被保险人应为招标人。投标人递交的投标保函被保险人如为"某市公共资源交易中心"，不符合招标文件的要求，应当对其投标文件作否决投标处理。公共资源交易中心作为提供交易场所的事业单位，并非招标人，无权不退还投标人提交的投标保证金，或者向投标人主张权利。因此，不建议以某市公共资源交易中心名义发出保险索赔函。在部分地方性规定或者招标文件中，均会明确被保险人为招标人。如《佛山市政务服务数据管理局等 12 部门关于在工程建设项目招标投标领域全面推广应用投标担保有关事项的通知》（佛政数〔2021〕15 号）就规定，保函（保单）的受益人（被保险人）必须是招标人。

175. 投标人在招标过程中缴纳投标保证金，投标人未中标是否可以要求返还投标保证金？

问：A 公司就其开发的广场地下车库导向标识及墙面修复工程项目开展招标，B 公司参加该工程项目的投标，并通过银行转账支付 40000 元人民币，备注为投标保证金。但在 A 公司的工程项目中未中标，B 公司是否可以要求返还该投标保证金？

答：投标人缴纳投标保证金后未中标可以向招标人要求返还投标保证金。

《招标投标法实施条例》第二十六条规定，招标人在招标文件中要求投标人提交投标保证金的，投标保证金不得超过招标项目估算值的 2%。投标保证金有效期应当与投标有效期一致；《招标投标法实施条例》第五十七条规定，招标人最迟应当在书面合同签订后 5 日内向中标人和未中标的投标人退还投标保证金及银行同期存款利息。

本案例中，B 公司根据 A 公司的招标文件对其发标的工程项目进行了投标并缴纳了投标保证金，在招标投标工作结束后，B 公司并未中标，根据上述规定，A 公司应当最晚于签订合同后 5 日内将该投标保证金退还给 B 公司。

176. 因投标人原因造成投标文件不能解密，招标人是否有权不退还投标保证金？

问：A公司参与B公司某工程建设项目投标活动，缴纳投标保证金20万元。招标文件规定"递交投标文件截止后20分钟为投标人对电子投标文件解密时间，逾期未解密的将视为撤销投标文件，投标文件将被否决"。A公司员工因失误未能在规定时间内完成解密，B公司扣留了其投标保证金，是否合法？

答：合法。

《电子招标投标办法》第三十一条规定："因投标人原因造成投标文件未解密的，视为撤销其投标文件……"A公司作为投标人应已知悉招标文件内容并接受条款的约束，因其自身原因导致投标文件未在规定时间解密，视为其撤销投标文件。《招标投标法实施条例》第三十五条第二款规定："投标截止后投标人撤销投标文件的，招标人可以不退还投标保证金。"此处"可以"意味着可退可不退，法律不作强制规定。若招标文件或招标公告没有特别约定，在投标截止后撤销投标文件，招标人不退还投标保证金也是合法的。

177. 投标人在投标截止日前撤回投标，投标保证金是否予以退还？

问：A公司在对某建设工程施工项目投标后，发现自身资质不符合招标条件，在投标截止日前将投标文件予以撤回，请问招标单位是否应退回投标保证金？

答：《招标投标法实施条例》第三十五条规定："投标人撤回已提交的投标文件，应当在投标截止时间前书面通知招标人。招标人已收取投标保证金的，应当自收到投标人书面撤回通知之日起 5 日内退还。投标截止后投标人撤销投标文件的，招标人可以不退还投标保证金。"撤回投标，是投标人的权利，在投标截止时间之内，投标人有权对投标文件进行撤回，招标人应当退回相应的保证金。

178. 撤销投标后，投标保证金应否清退？

问：某公司工程物资采购项目招标，投标人 A 公司认为自己无法在招标文件要求的时间内供货，遂在中标通知书发出前书面撤销了已提交的投标文件，招标人是否应当退回 A 公司缴纳的投标保证金？

答：招标人可以不退回 A 公司的投标保证金。

《招标投标法实施条例》第三十五条规定："投标人撤回已提交的投标文件，应当在投标截止时间前书面通知招标人。招标人已收取投标保证金的，应当自收到投标人书面撤回通知之日起 5 日内退还。投标截止后投标人撤销投标文件的，招标人可以不退还投标保证金。"

因此，招标人是否应当退回投标人的投标保证金需要区分具体情况，主要是看投标人何时撤回已提交的投标文件。

在投标截止时间前撤回的，招标人应当退回投标保证金。投标截止时间后撤销的，影响了招标人的招标活动，招标人可以不退还投标保证金。

179. 投标人弃标理由充分，招标人就应当退还投标保证金吗？

问：某国有企业招标项目，招标文件载明"投标人在投标截止后撤销投标文件的，投标保证金不予退还"。投标人A参与投标，因严重笔误，将本意为47750元的报价错写为4775元并被推荐为唯一中标候选人，事后投标人A提出放弃中标并要求招标人退还投标保证金被拒。请问，投标人弃标理由充分，招标人就应当退还投标保证金吗？

答：招标人不予退还投标保证金是基于法律规定和招标文件规定，与投标人因何理由弃标无关。

《招标投标法实施条例》第三十五条第二款规定"投标截止后投标人撤销投标文件的，招标人可以不退还投标保证金"。投标有效期内投标人的投标文件对投标人具有法律约束力。投标人撤销投标文件的，将削弱投标竞争性，所以招标人有权决定是否退还投标保证金，并在招标文件中予以明确。投标人A在投标有效期内申请弃标属于典型的撤销投标文件，该种情形下，招标人依据前款法律规定和招标文件规定不予退还投标保证金并无不当之处。

180. 投标人串通投标，招标人可否不退还投标保证金？

问：A 公司欲投标某建设工程项目，故联系四家公司进行围标，在提交投标保证金后，招标人发现各投标人上传投标文件的 IP 地址相同，认定 A 公司的行为属于串通投标。请问，该情况下可否不退还投标保证金？

答：《招标投标法实施条例》第三十五条第二款、第七十四条规定招标人可以不退还投标保证金的情形：一是投标人撤销投标文件；二是中标人无正当理由不与招标人订立合同；三是中标人在签订合同时向招标人提出附加条件；四是中标人不按照招标文件要求提交履约保证金。除上述四种法定情形外，招标人可以在招标文件中规定当投标人串通投标，以行贿评委或招标人工作人员、提供虚假材料骗取中标等违法行为时，招标人可以不退还投标保证金。投标人明知招标文件上述规定并进行投标，表明其愿意遵守该规定。由此可知，投标人存在串通投标行为不属于法定不予退还投标保证金的情形，且如果招标文件未将串通投标作为不退还投标保证金的情形，招标人依法应当退还投标保证金。

客观事实结果，即视为串通投标。根据此条款，投标报价呈规律性差异构成串标，具体表现包括不同投标人的投标报价呈等差数、不同投标人的投标报价的差额本身呈等差数列或者规律性的百分比等，若仅仅只是总价报价一致，不存在分项报价一致、相同错误等其他雷同情况，也不必然构成"不同投标人的投标文件异常一致"的情形。因此，若仅因投标总价报价一致认定为串标不妥，建议核实分项报价是否一致、是否有相同错误、文件实质性内容等，从而综合评判是否属于串标行为。

184. 某投标人的投标文件目录注明有"陪标"字样，可以将其视为串通投标吗？

问：某工程施工招标项目，评标委员会在进行评标时发现，其中一份投标文件的目录中印有"陪标"字样，除该份投标文件外，其他投标文件均未出现"陪标"等不正常字样。那么，评标委员会可以判定上述投标文件的投标人串通投标吗？

答：评标委员会直接作出该投标人串通投标的结论依据不足，应认定其"涉嫌串通投标"。

《招标投标法实施条例》第三十九条列举出了五种属于串通投标的行为，这五种情形都是需要两个以上投标人协同实施才能实现的，第五项是其中的兜底条款，也强调了是不同投标人之间采取的联合行动。由此可知，串通投标是由两个及以上单位联合作出的行为，如果作出"只有某家单位串通投标"的结论，在逻辑上是存在问题的。

《招标投标法实施条例》第四十条列举了六种视为串通投标的情形。与"属于串通投标"的情形不同，"视为串通投标"的情形不存在兜底条款，而上述问题中投标文件目录中出现"陪标"字样这一情形，不属于上述法条中列举出的六种情形的任何一种，因此也就不能仅根据投标人的技术标目录存在"陪标"字样就视为其串通投标。评标委员会应以该情形为线索，将印有"陪标"字样的投标文件与其他投标文件作对比，进一步查找可以认定串通投标的证据。

185. 挂靠多家建筑企业围标构成串通投标罪吗？

问：张某挂靠 A、B、C 等多家公司围标，在某工程项目中标，中标金额 580 万元，构成串通投标罪吗？

答：《刑法》第二百二十三条规定了串通投标罪，即"投标人相互串通投标报价，损害招标人或者其他投标人利益，情节严重的，处三年以下有期徒刑或者拘役，并处或者单处罚金。投标人与招标人串通投标，损害国家、集体、公民的合法利益的，依照前款的规定处罚。"2022 年 4 月 6 日，最高检联合公安部发布修订后的《关于公安机关管辖的刑事案件立案追诉标准的规定（二）》第六十八条规定了串通投标罪的立案追诉标准，即"投标人相互串通投标报价，或者投标人与招标人串通投标，涉嫌下列情形之一的，应予立案追诉:(一)损害招标人、投标人或者国家、集体、公民的合法利益,造成直接经济损失数额在 50 万元以上的。(二)违法所得数额在 20 万元以上的。(三)中标项目金额在 400 万元以上的。(四)采取威胁、欺骗或者贿赂等非法手段的。(五)虽未达到上述数额标准,但两年内因串通投标受过两次以上行政处罚,又串通投标的。(六)其他情节严重的情形"。本案例中,张某挂靠多家企业以多个投标人名义投标进行"围标",且中标金额超过 400 万元,涉嫌构成串通投标罪。

186. 电子招标投标活动中的串通投标有哪些表现形式?

问:在电子招标投标方式下,招标人进行串通投标,与使用纸质投标文件进行投标的方式下的串通投标行为表现方式不一样,如何来认定?

答:随着电子招标投标的发展,在"同一人办理投标事宜""同一人制作投标文件""投标文件内容雷同"等串通投标行为方面,又产生了一些新的表现形式。同时,又可利用大数据等技术手段,通过开评标电子系统分析比对,比较便捷、准确地查出投标文件中的内容异常一致、由同一单位或个人编制投标文件或办理投标事宜等串通投标行为,一些地方立法作出了针对性规定。如《广东省实施〈中华人民共和国招标投标法〉办法》第十六条规定的情形,即"不同投标人的投标文件由同一电子设备编制、打包加密或者上传,不同投标人的投标文件由同一投标人的电子设备打印、复印"。

179

《福建省住房和城乡建设厅关于施工招标项目电子投标文件雷同认定与处理指导意见》（闽建筑〔2018〕29 号）规定的常见电子投标文件雷同情形较为详尽，值得借鉴。该意见规定主要有以下几个方面：

（1）不同投标人的电子投标文件上传计算机的网卡 MAC 地址、CPU 序列号和硬盘序列号等硬件信息均相同的（开标现场上传电子投标文件的除外），应认定为《招标投标法实施条例》第四十条第二项"不同投标人委托同一单位或者个人办理投标事宜"的情形。

（2）不同投标人的已标价工程量清单 xml 电子文档记录的计价软件加密锁序列号信息有一条及以上相同，或者记录的硬件信息中存在一条及以上的计算机网卡 MAC 地址（如有）、CPU 序列号和硬盘序列号均相同的（招标控制价的 xml 格式文件或计价软件版成果文件发布之前的软硬件信息相同的除外），或者不同投标人的电子投标文件（已标价工程量清单 xml 电子文档除外）编制时的计算机硬件信息中存在一条及以上的计算机网卡 MAC 地址（如有）、CPU 序列号和硬盘序列号均相同的，应认定为《招标投标法实施条例》第四十条第一项"不同投标人的投标文件由同一单位或者个人编制"的情形。

（3）不同投标人的技术文件经电子招标投标交易平台查重分析，内容异常一致或者实质性相同的，应认定为《招标投标法实施条例》第四十条第四项"不同投标人的投标文件异常一致"的情形。

（4）投标人递交的已标价工程量清单 xml 电子文档未按照规定记录软硬件信息的，或者记录的软硬件信息经电子招标投标交易平台使用第三方验证工具认定被篡改的，评标委员会应当否决其投标。

如某省发展与改革委员会查实在同一招标项目中，两家投标人电子投标文件的"文件常见标识码"完全一致，认定由同一人编制，这是典型的串通投标行为，故对投标人及其相关责任人员作出处以罚款的行政处罚。

187. 国家工作人员参加本单位工程项目招标工作中，与他人串通投标又索贿、受贿的，应如何处理？

问：国家工作人员 A 在参加本单位工程项目招标工作中，利用职务之便，采用指使他人参与陪标、授意他人成立新公司参与围标等方法，以向投标人 B、投标人 C 透露招标投标信息为由收受贿赂，并帮助投标人投标，造成严重后果，A 将负何种刑事责任？

答：A 构成串通投标罪和受贿罪，应数罪并罚。

根据最高人民法院、最高人民检察院《关于办理渎职刑事案件适用法律若干问题的解释（一）》第三条的规定，国家机关工作人员实施渎职犯罪并收受贿赂，同时构成受贿罪的，除法律另有规定外，以渎职犯罪和受贿罪数罪并罚。国家工作人员在参加本单位工程项目招标工作中，采用指使他人参与陪标、授意他人成立新公司参与围标等方法，泄露招标投标秘密，与投标人相互串通损害国家利益的，构成串通投标共同犯罪。如发现其在与他人串通投标过程中又收受或索取贿赂的，串通投标罪和受贿罪虽有联系，但均属于完整而独立的犯罪构成，应实行数罪并罚。

188. 失信被执行人隐瞒失信事实参与投标是否属于弄虚作假？

问：某招标文件载明，禁止失信被执行人参与投标，投标人 B 公司隐瞒失信被执行人的事实参与投标，该行为是否属于弄虚作假？

答：投标人 B 单纯的隐瞒事实不宜认定为弄虚作假。

《招标投标法》及其实施条例并未明文规定弄虚作假的定义和判定标准，只是在《招标投标法实施条例》第四十二条通过列举的形式指出了弄虚作假的具体情形："（一）使用伪造、变造的许可证件。（二）提供虚假的财务状况或者业绩。（三）提供虚假的项目负责人或者主要技术人员简历、劳动关系证明。（四）提供虚假的信用状况。（五）其他弄虚作假的行为。"

从上述内容来看，弄虚作假应属于一种作为情形，而非不作为。即构成弄虚作假的前提是要有作假的行为动作，单纯的不作为不能成立弄虚作假。

本案例中，招标文件并未要求投标人提供相关证明材料来证明自己并非失信被执行人，B公司只是单纯隐瞒自己失信被执行人的事实，并未提供任何虚假材料，不应属于弄虚作假行为。

189. 投标人业绩证明材料中有作废的发票，是否一定构成弄虚作假？

问：某国企物资采购项目，招标文件规定投标人应当具备至少1个同类产品的业绩，并要求附上发票扫描件作为业绩证明材料。中标候选人公示前，招标人发现A公司的业绩证明材料中有作废的发票。请问：A公司是否构成弄虚作假？

答：仅凭作废发票不能认定投标人弄虚作假，需进一步调查发票作废的原因。

发票是业绩的证明材料，作废的发票降低了投标人业绩的可信度，招标人应当沿着此条线索，深入调查。发票作废的原因有很多，比如销货退回、开票有误、销售折让等。招标人应当要求投标人A对发票作废的原因作出澄清说明，如果投标人A只是由于发票开错了、销售折让等合理原因将发票作废，相应业绩也是客观存在的，那么投标人A不存在弄虚作假的行为。反之，如果投标人A不能对发票作废原因作出合理解释，那么作废的发票很有可能是为虚构业绩而开具的。招标人应当着重审查对应业绩的真实性，一旦发现投标人业绩造假，应当予以否决投标。

190. 投标人租借他人资质投标后中标，中标是否有效？

问：A 公司作为投标人参加 B 公司招标活动，招标文件要求投标人应具有建筑工程施工总承包一级资质，A 公司不具有该资质，租借 C 公司一级资质进行投标并中标，中标是否有效？

答：中标无效。

《招标投标法》第三十三条规定："投标人不得以低于成本的报价竞标，也不得以他人名义投标或者以其他方式弄虚作假，骗取中标。"该法第五十四条规定："投标人以他人名义投标或者以其他方式弄虚作假，骗取中标的，中标无效，给招标人造成损失的，依法承担赔偿责任；构成犯罪的，依法追究刑事责任。"《招标投标法实施条例》第四十二条规定："使用通过受让或者租借等方式获取的资格、资质证书投标的，属于《招标投标法》第三十三条规定的以他人名义投标。"可见，租借或受让他人资质属于以他人名义投标的弄虚作假行为，违反了诚信原则，扰乱了招标投标市场秩序，应严厉打击。因此，A 公司租借资质中标行为无效。

191. 投标人的投标文件弄虚作假，中标并签订合同后如何处理？

问：A 公司制作虚假发票作为投标业绩材料中标 B 公司建设施工招标项目，后 B 公司发现 A 公司的不良行为，目

为都违背了诚实信用原则，应当予以禁止。招标人发出中标通知书后发现中标人以虚假业绩骗取中标的，可以依法取消其中标资格。

194. 非法阻止他人参与投标涉嫌犯罪吗？

问：甲去参加投标，到公共资源交易中心门口时被乙拦住。乙不让甲进去投标，导致甲没有按时递交投标文件。请问：乙需要承担什么法律责任？

答：按照《招标投标法》第五条、第六条规定，招标投标活动应当遵循公开、公平、公正和诚实信用的原则。任何单位和个人都不得以任何方式非法干涉招标投标活动，比如阻止潜在投标人参与投标。采取言语威胁、围困、肢体阻碍、限制人身自由等非法方式阻止他人参与投标，迫使他人退出投标活动失去竞标机会，情节严重的涉嫌强迫交易罪或者寻衅滋事罪，还应赔偿由此给相关当事人带来的损失。

195. 投标人提供虚假材料骗取中标，对其投标保证金招标人是否可以不予退还？

问：某招标项目中，投标人通过修图软件将已过期的资质证书修改延期，骗取中标。招标人是否可以据此拒绝退还该投标人的投标保证金？

答：具体应根据招标文件的规定决定是否退还。

《招标投标法实施条例》第三十五条、第七十四条规定，投标保证金不予退还的法定情形仅有以下四种：

（1）投标截止后，投标人撤销投标文件的。

（2）中标人无正当理由不与招标人订立合同的。

（3）在签订合同时向招标人提出附加条件的。

（4）不按照招标文件要求提交履约保证金的。

2017 年颁布的标准招标文件相较于 2007 年版标准施工招标文件，在第二章投标人须知第 3.4.4 条中增加了"其他可以不予退还投标保证金的情形"的内容。投标保证金不予退还的其他情形，取决于招标人的意思自治，招标人应在招标文件中予以明确，比如投标截止后，投标人主动提出修改投标文件的；投标人存在串通投标、弄虚作假、行贿受贿、非法影响评标活动的；投标人未按招标文件规定缴纳招标代理服务费的。

196.投标人以他人名义投标，中标后签订的合同是否有效？

问：某公司工程物资采购招标，A 公司认为自身业绩条件有缺陷，便和 B 公司商量，以 B 公司的名义投标，中标后合同实际履行由 A 公司完成，后 B 公司中标，并与招标人签订物资采购合同。该项目中标是否有效？签订的合同是否有效？

答：中标结果无效，签订的合同也无效。

《招标投标法实施条例》第六十八条规定："投标人以他

人名义投标或者以其他方式弄虚作假骗取中标的，中标无效；构成犯罪的，依法追究刑事责任；尚不构成犯罪的，依照招标投标法第五十四条的规定处罚。依法必须进行招标的项目的投标人未中标的，对单位的罚款金额按照招标项目合同金额依照招标投标法规定的比例计算。"《民法典》第一百五十三条规定，违反法律、行政法规的强制性规定的民事法律行为无效。A公司无法满足投标人业绩条件要求，借B公司名义进行投标，按照上述法律规定，B公司的中标无效，与招标人签订的物资采购合同也无效。

197. 招标投标中介合同有效吗？

问：一家国企项目招标，A公司没有承接这个项目的资质但是有国企的"关系"，B公司有资质。故A、B公司达成合作意向，以B公司的名义去投标，A公司负责招标投标事宜等内容（主要是"关系"运作）。A公司和B公司需要签一个中介协议，约定中标后由B公司履行合同，B公司给A公司"返点"。请问：该中介协议是否有效？

答：《民法典》确立了中介合同法律制度，我国法律、行政法规对建设工程领域的中介行为并无禁止性规定。招标投标活动遵循公开、公正、公平和诚实信用原则，但并非招标投标活动中有中介行为就违反了招标投标活动的原则，且招标公告虽然为公开事项，但并非公开的事项就众所周知，因此公开招标的事项也存在向他人报告投标和订立合同机会的情形，投标人也可以将自己在投标活动中所办理的投标事项委托他人代理或者协助进行，故并未禁止建设工程领域从事中介行为。

按照《招标投标法》第五条规定，招标投标活动应当遵循公开、公平、公正和诚实信用的原则。任何服务于招标投标活动的行为，都不得违背上述规定。因此，招标投标中介合同效力应当结合合同内容和中介人行为区别判断。一般而言，中介人以提供项目信息、项目咨询、造价服务、市场调研等作为合同内容且履行相关服务内容的，向投标人提供报告订立合同的机会的，中介合同当属有效。如中介合同以项目中标为中介服务费付款条件（如本案例），或者存在串标投标、弄虚作假等行为，应当认定中介合同无效，情节严重的还应追究其相关刑事责任，如行贿罪、串通投标罪等。

第四篇

▼

开　标

第一章　开标活动

198. 招标人能延后开标时间吗？

问：某隧道施工工程招标，招标文件中规定的投标截止时间为 4 月 3 日上午 10 点整，招标人可以在 4 月 4 日再进行开标吗？

答：《招标投标法》第三十四条规定："开标应当在招标文件确定的提交投标文件截止时间的同一时间公开进行；开标地点应当为招标文件中预先确定的地点。"在招标文件中明确开标时间，可以确保所有投标人知悉开标时间，按时参加开标活动，使开标过程公开透明。招标人应当在招标文件确定的提交投标文件截止时间同一时间公开进行。招标人确需更改开标时间和开标地点的，应按照《招标投标法》第二十三条关于招标文件修改的规定程序办理，提前以书面形式通知所有招标文件收受人。

199. 开标时间违反了《招标投标法》有关规定的，是否会导致中标无效？

问：某依法必须进行招标的项目采用公开方式进行招标，

在中标候选人公示期间，投标人 A 提出异议称，该项目属于依法必须进行招标的项目，其招标文件开始发售至投标文件递交截止时间不足 20 日，且招标文件的澄清发出至投标文件递交截止时间也不足 15 日，均违反了《招标投标法》有关投标时限的规定，该招标活动是无效的，应重新招标。请问，此异议是否合理？

答：不合理。

《招标投标法》第二十三条规定"招标人对已发出的招标文件进行必要的澄清或者修改的，应当在招标文件要求提交投标文件截止时间至少十五日前，以书面形式通知所有招标文件收受人"。《招标投标法》第二十四条规定"依法必须进行招标的项目，自招标文件开始发出之日起至投标人提交投标文件截止之日止，最短不得少于二十日"。本案例中招标人显然违反了上述规定，但并不必然导致此次招标的中标结果无效。根据《招标投标法实施条例》第八十一条规定"依法必须进行招标的项目的招标投标活动违反招标投标法和本条例的规定，对中标结果造成实质性影响，且不能采取补救措施予以纠正的，招标、投标、中标无效，应当依法重新招标或者评标"。由此可见，只有在同时满足"依法必须招标的项目""违反招标投标法和本条例的规定""对中标结果造成实质性影响且不能采取补救措施予以纠正"三个要件的情形下，才能认定招标、投标、中标无效。

200. 投标人未派代表参加开标是否会导致投标无效？

问：A 省某施工企业通过 EMS 将 B 省某城区道路拓宽改建工程投标文件如期送至指定地点，开标时招标代理机构以该施工企业未安排代表到场参加开标，作出其投标无效的决定。该决定是否合适？

答：《招标投标法》第三十五条明确规定："开标由招标人主持，邀请所有投标人参加。"换而言之，从该条款的立法本意来看，并不强制所有投标人安排代表到场参加，对于招标人的邀请，投标人可自行决策是否应邀。同时，投标文件的递交是在投标截止时间之前，也就是开标前均已接收和登记，只要密封和时间符合要求，投标人是否安排人员到场，与其投标文件是否有效并无直接关联。因此，不能以投标人未派代表参加开标仪式为由认定投标无效。

电子招标投标活动因电子开标系统的在线解密要求，开标时投标人需要准时在线参加开标，以按期完成解密，否则自行承担《电子招标投标办法》第三十一条规定的因未能解密电子投标文件视为撤销其投标文件的不利后果。

201. 开标时发现部分投标人未参加投标，能否正常开标？

问：A 公司在开标前给所有投标人邮寄开标邀请函，并以短信方式通知投标联系人，开标时发现投标人 B 公司未参加，此时 A 公司能否组织开标?

答：可以组织开标。

《招标投标法》第三十五条规定："开标由招标人主持，邀请所有投标人参加。"《工程建设项目货物招标投标办法》第四十条第二款规定："投标人或其授权代表有权出席开标会，也可以自主决定不参加开标会。"可见，开标时招标人应当邀请所有投标人参加开标活动，达到向所有投标人公开的目的，做到开标程序的公平、公正。开标时赋予招标人的法定义务是完成邀请和邀请对象应覆盖全部投标人。法律并未强制投标人必须参加开标会。投标人未参加开标会，属其主动放弃该权利，因此在部分开标人不参加开标会的情况下可以正常组织开标活动，同时不会影响其投标文件效力。

202. 开标时必须有行政监督部门到场监督吗?

问：依法必须招标的工程施工招标，开标时必须有行政监督部门工作人员在场进行现场监督吗?

答：《招标投标法》和《招标投标法实施条例》有关开标的规定，都没有强制性要求行政监督部门派员参与开标。

据此可以看出，行政监督部门派员进行开标现场监督并非法律要求。当然，招标采购单位可以邀请有关部门工作人员参与开标活动，至于是否参加则是由受邀单位自行决定。

203. 招标文件能要求投标人的法定代表人必须到开评标现场，否则投标无效吗？

问：A 公司某建设工程项目进行公开招标，招标文件中规定法定代表人必须亲自到开标评标现场，否则按否决投标处理。在外地的 B 公司法定代表人因路途遥远、工作繁忙，无法到场，故对此提出异议，认为其设置不合理的条件限制、排斥潜在投标人或者投标人。招标文件能不能要求投标人的法定代表人必须亲自到开标评标现场？

答：不能。

有的招标文件要求投标人的法定代表人必须到开标评标现场，也有一些地方招标投标管理部门的规范性文件强制要求投标人的法定代表人必须亲自到开标评标现场，否则投标无效。这样的规定不符合优化营商环境的政策，也与《招标投标法》的基本原则不同。

《招标投标法》只是要求招标人应当邀请投标人参加开标，但并没有规定投标人必须参加开标，只有电子招标，才要求投标人应当在线参加开标，其目的也是让投标人参与解密投标文件，因此投标人参加开标是其权利而非义务；若不参加的，视同认可开标结果。招标人有邀请所有投标人参加开标会的义务，投标人有放弃参加开标会的权利。而且即使投标人参加投标，也没有必要要求投标人的法定代表人参加，规定如果不参加开标就决定投标无效，更加没有法律依据。此外,《招标投标法实施条例》第三十二条规定:"招标人不得以不合理的条件限制、排斥潜在投标人或者投标人。"这样的规定对外地供应商,尤其是对那些频繁参加各地招标采购活动的企业而言,就是一种歧视待遇或差别待遇。《公路工程建设项目招标投标管理办法》第二十一条规定:"……除《中华人民共和国招标投标法实施条例》第三十二条规定的情形外,招标人有下列行为之一的,属于以不合理的条件限制、排斥潜在投标人或者投标人:……(二)强制要求潜在投标人或者投标人的法定代表人、企业负责人、技术负责人等特定人员亲自购买资格预审文件、招标文件或者参与开标活动。"可见在一定程度上,要求投标人法定代表人或项目经理、负责人等特定人员参加开标会,将涉嫌以不合理的条件限制、排斥潜在投标人。

204. 开标时,到达开标现场的投标人不足3家,招标人可以宣布流标吗?

问:某国有企业招标项目,截至投标截止时间,递交投标文件的单位共 5 家,然而开标时实际到达开标现场的仅有 2 家,招标人遂直接以投标人不足 3 家为由宣布项目流标。请问:招标人的做法是否合规?

答:招标人的做法违反了有关法律规定,应当正常开标。

《招标投标法实施条例》第四十四条规定"投标人少于3

个的，不得开标；招标人应当重新招标"。本条款适用的前提条件是，在开标时间（投标截止时间）前，递交投标文件的投标人不足3家，而非实际到达开标现场参与开标的投标人。因此，本案例中，虽然到达开标现场的投标人不足3家，但是在投标截止时间递交投标文件的单位共5家，招标人应当正常开标。

205. 投标人不足3家时，招标人应如何处理？

问：A公司电源线路服务项目招标，招标文件要求提交投标文件的截止时间是5月15日，至15日24时，只收到B公司、C公司2家单位的投标文件，A公司如何处理？

答：不得开标，发布公告宣布招标失败，重新招标。

《招标投标法》第二十八条规定："投标人应当在招标文件要求提交投标文件的截止时间前，将投标文件送达投标地点。招标人收到投标文件后，应当签收保存，不得开启。投标人少于三个的，招标人应当依照本法重新招标。在招标文件要求提交投标文件的截止时间后送达的投标文件，招标人应当拒收。"《招标投标法实施条例》第四十四条第二款规定："投标人少于3个的，不得开标；招标人应当重新招标。"这里"不得开标"是指不进入开标具体流程，即不需要进行拆封、唱标行为，应将收到的投标文件"完璧归赵"。可见，在投标人不足3家时，因缺乏竞争性，应终止本次招标活动，不得开标；对于依法必须招标项目，招标人应当重新招标；

对于非依法必须招标项目，招标人终止招标后，可以重新招标，也可以采用非招标方式重新采购。

206. 邀请招标需要公开唱标吗？

问：某公司采购一项新技术研发的设备，采取邀请招标方式，还需要公开唱标吗？

答：按照《招标投标法》第三十六条第二款规定，招标人在招标文件要求提交投标文件的截止时间前收到的所有投标文件，开标时都应当当众予以拆封、宣读。该条款的内容并未针对公开招标和邀请招标作出不同规定。因此，公开招标和邀请招标项目的招标人都应当公开组织开标，公布投标人名称、投标报价等内容。

207. 投标人在开标结束后，对开标提出异议，是否允许？

问：A 公司在开标结束后，对刚才的开标程序进行复盘时才意识到某投标文件的内容与开标时的内容不相符，遂提出异议，是否允许？

答：不允许投标人在开标结束后提出异议。《招标投标法实施条例》第四十四条规定："投标人对开标有异议的，应当在开标现场提出，招标人应当当场作出答复，并制作记录。"开标结束，未在开标现场提出异议，招标人不予答复。

第二章　电子开标

208. 电子开标时部分投标人未参加，有何法律后果？

问：A公司在工程移民综合监理项目电子开标前，给所有投标人发送开标邀请函，开标时发现投标人B公司未参加电子开标，有何法律后果？

答：一旦投标文件解密失败，将视为B公司撤回或撤销投标，丧失中标机会。

《电子招标投标办法》第二十九条规定："电子开标应当按照招标文件确定的时间，在电子招标投标交易平台上公开进行，所有投标人均应当准时在线参加开标。"《电子招标投标办法》第三十一条第一款规定："因投标人原因造成投标文件未解密的，视为撤销其投标文件；因投标人之外的原因造成投标文件未解密的，视为撤回其投标文件，投标人有权要求责任方赔偿因此遭受的直接损失。部分投标文件未解密的，其他投标文件的开标可以继续进行。"可见，电子开标时，投标人参加开标活动是法定义务，投标人不参加开标而解密失败的视为撤销或撤回投标文件，但不影响其他投标人的开标。

209. 电子招标投标情况下"投标人少于3个"如何认定?

问:《招标投标法实施条例》第四十四条规定:"投标人少于 3 个的,不得开标;招标人应当重新招标。"那么,在电子招标投标活动中,哪种情况下可以认定为"投标人少于3 个"呢?

答:《电子招标投标办法》第三十条规定:"开标时,电子招标投标交易平台自动提取所有投标文件,提示招标人和投标人按招标文件规定方式按时在线解密。解密全部完成后,应当向所有投标人公布投标人名称、投标价格和招标文件规定的其他内容。"也就是说,只要在开标前,将投标文件上传至电子招标投标交易平台的投标人足够 3 个即可开标,少于3 个的不得开标,招标失败。

投标人的数量不能以解密成功的投标文件数量来判定,而应以投标截止时间前通过网络传输送至电子招标投标交易平台所在的服务器是否达到 3 个为准。需要注意的是,因此时的投标文件处于未解密的状态,仅需查清该项目成功上传投标文件的数量即可,而无须关注该文件是否能够解密成功。与纸质形式的招标投标类似,在拆开密封信封前检查递交信封的投标人满足 3 个即可开标,而无须考虑信封内的具体内容,即使投标文件内容不全,只要形式上满足 3 个及以上即可。

对于电子招标投标而言,在投标截止时,存在于电子招标投标交易平台所在服务器的投标文件达到 3 个即可开标，此时这些文件仍是未解密（等同于未拆封）的状态。由于解密失败，造成某标段内最终解密成功的投标人少于 3 个的，仍应继续开标评标。

210. 电子招标投标中发现投标文件部分缺失如何处理？

问：某国有企业采用电子招标投标的方式对某工程项目进行招标，评标委员会在评审投标文件时没有找到某投标人 A 单位的商务文件，评审专家随即向招标代理机构工作人员反映该问题。招标代理机构遇到上述情况应当如何处理？

答：招标代理人员收到反映的问题后，首先应检查是否存在商务投标文件，可按如下顺序进行：

（1）检查解密后的商务文件夹中是否有商务文件。

（2）检查技术文件中是否包含商务文件，排除文件位置错传。

（3）在投标文件下载工具中查看该投标单位是否及时上传过商务文件。

如果经检查，确实存在投标人未上传商务文件，应告知评标委员会商务文件缺失；如果在技术文件夹中发现商务文件，建议将商务文件存储位置调整正确后，再次向评标委员会提交并告知；如果发现解密前投标文件下载工具中存在商务文件记录，应协调电子交易平台技术人员核查问题所在，并在监督人员监督下重新解密并做好记录，解密成功后，再次向评标委员会提交商务文件。

如果文件解密失败，则要进一步确定造成文件解密失败的责任人是否为 A 公司，并根据《电子招标投标办法》第三十一条的规定进行相应的处理，即"因投标人原因造成投标文件未解密的，视为撤销其投标文件。因投标人之外的原因造成投标文件未解密的，视为撤回其投标文件"。

211. 电子招标投标中，开标时投标人电子报价解密成功，但其他投标文件未解密成功，应如何处理？

问：目前某公司通过电子招标投标交易平台进行电子招标投标活动时，在开标时解密并公示的只是电子报价，电子报价解密成功，并不代表投标文件其他部分也已解密成功，可能会出现解密失败导致投标文件无法打开的情况，对此应如何处理？

答：如果解密失败导致投标文件无法打开，可根据《电子招标投标办法》第三十一条规定，分析是投标人的原因还是投标人以外的原因并确定责任：如果是因投标人原因造成的未解密，视为投标人撤销其投标文件；如果是因投标人之外的原因造成的未解密，视为投标人撤回其投标文件，投标人有权要求责任方赔偿其遭受的直接损失。

212. 电子投标文件上传不成功如何处理？

问：在电子招标投标活动中，有时会出现投标文件不能正常成功上传到电子招标投标交易系统的情形，对此情形应当如何处理？

答:《电子招标投标办法》第二十七条规定:"投标人应当在投标截止时间前完成投标文件的传输递交，并可以补充、修改或者撤回投标文件。投标截止时间前未完成投标文件传输的，视为撤回投标文件。投标截止时间后送达的投标文件，电子招标投标交易平台应当拒收。"

在电子招标投标活动中，电子投标文件成功上传至招标人指定的招标投标交易系统时，视为递交了投标文件。对于电子投标文件传输是否成功的判定，应以加密的投标文件是否在投标时间截止时存在于电子招标投标交易平台的服务器为准。在投标时间截止时，因投标人未传输、主动停止传输或其他技术原因传输未完成的，一概视为"撤回"，也就是"弃标"。上传不成功的原因可另行查究，但不影响招标投标程序的继续进行。投标截止时间后，电子招标投标交易平台将拒收该项目的投标文件，投标人则无法进行投标文件上传操作。

第五篇

▼

评　标

第一章 评标委员会

213. 企业集团能否组建自己的评标专家库？

问：《评标专家和评标专家库管理暂行办法》第三条规定，评标专家库由省级以上人民政府有关部门或者依法成立的招标代理机构依法自主组建。请问：企业集团总部（而不是下属的招标代理公司）是否有权组建评标专家库？

答：根据《招标投标法》第三十七条规定，评标由招标人依法组建的评标委员会负责，且只有依法必须进行招标的项目，其评标委员会由招标人的代表和有关技术、经济等方面的专家组成，而且这些专家应当从"国务院有关部门或者省、自治区、直辖市人民政府有关部门提供的专家名册或者招标代理机构的专家库内的相关专业的专家名单中确定"，也就是从省级政府部门或招标代理机构组建的评标专家库里抽取。对于非依法必须招标的项目，评标委员会怎么组建，是招标人派代表，还是要有评标专家或者必须从哪个专家库选取，现行法律未作规定。因此，企业集团可以组建自己的评标专家库，但只能用于非依法必须招标项目组建评标委员会时使用。

214. 国有企业非必须招标项目评标专家如何抽取?

问:低于 400 万元的非必须招标工程项目,国有企业自主选择邀请招标,如果委托代理机构进行招标,必须从评标专家库抽取 5 人以上单数评标专家吗?

答:《招标投标法》第三十七条规定,依法必须进行招标的项目,其评标委员会由招标人的代表和有关技术、经济等方面的专家组成,成员人数为 5 人以上单数,其中技术、经济等方面的专家不得少于成员总数的 2/3。本项目不属于依法必须进行招标项目,不适用此规定,国家法律对评标委员会人数和评标专家构成无强制性要求,可由招标人和代理机构按照项目特征和需求自行决定。但是,为了充分保证招标投标活动的严谨、严肃和合理性,建议国企参照法律法规关于依法必须进行招标的项目规定执行。

215. 招标人可以委托代理机构工作人员作为招标人代表参与评标吗?

问:某工程项目招标,招标人可以委托代理机构工作人员作为招标人代表参与评标吗?

答:按照《招标投标法》第三十七条第二款规定,依法必须进行招标的项目,其评标委员会由招标人的代表和有关技术、经济等方面的专家组成,成员人数为 5 人以上单数,其中技术、经济等方面的专家不得少于成员总数的 2/3。《评标委员会和评标方法暂行规定》第九条第一款规定，评标委员会由招标人或其委托的招标代理机构熟悉相关业务的代表，以及有关技术、经济等方面的专家组成，成员人数为 5 人以上的单数，其中技术、经济等方面的专家不得少于成员总数的 2/3。故招标人可以委托代理机构工作人员作为招标人代表参与评标。但是，招标代理机构作为中介服务机构，能第一时间掌握已获取招标文件的潜在投标人的名称、数量等信息以及可能影响公平竞争的有关招标投标的其他情况，甚至在开标前与投标人有不可避免的联系。因此，招标人如委托代理机构工作人员作为招标人代表，需充分调查了解，以避免出现影响投标人公平参与投标的情形。

216. 评标专家可以参加本单位招标项目的评标委员会吗？

问：某企业招标采购，计划由 1 名招标人代表和 4 名评标专家组成评标委员会。招标代理机构在抽取名单中发现专家周某为招标人单位员工，认为必须回避，于是决定取消周某参加本次评标的资格，重新抽取专家。请问：评标专家可以参加本单位招标项目的评标委员会吗？

答：现行的有关规定并不限制此种情形。

《招标投标法》第三十七条第四款规定："与投标人有利害关系的人不得进入相关项目的评标委员会；已经进入的应当更换。"由上述法条可知，回避原则旨在限制与投标人之间存在利害关系的评标专家参与评标委员会，以维护评标的公正性。评标专家周某并不存在上述回避情形，虽然周某属于招标人单位员工，但其是以个人名义参与评标委员会，而非招标人代表，故其可以参加本单位招标项目的评标委员会。

217. 评标委员会成员在哪些情形下可以更换？

问：招标人组成评标委员会后，原则上不得更换其成员，但在特殊情况下影响评标公正性或者评标委员会成员不能坚持完成评标工作的，也可以进行更换。请问：哪些情形下依法可以更换评标委员会成员？

答：《招标投标法实施条例》第四十八条规定："评标过程中，评标委员会成员有回避事由、擅离职守或者因健康等原因不能继续评标的，应当及时更换。"结合招标投标实践，需要更换评标专家的情形主要有以下几方面：

（1）回避。主要情形有：①与投标人有利害关系（如投标人或者投标人主要负责人的近亲属；与投标人有经济利益关系，可能影响投标公正评审的）。②项目主管部门或者行政监督部门的人员。③曾因在招标、评标以及其他与招标投标有关活动中从事违法行为而受过行政处罚或刑事处罚。

（2）擅离职守，工作不认真，不能胜任评标工作或违规违纪，被招标人取消评标资格的。如评标专家违反工作纪律，私下接触投标人，收受他人的财物或者其他好处，透露对投标文件的评审和比较、中标候选人的推荐情况以及与评标有关的其他情况。

对有所列违法行为的评标委员会成员取消担任评标委员会成员的资格，不得再参加任何依法必须进行招标的项目的评标；构成犯罪的，依法追究刑事责任。"

220. 评标专家在评标室未上交手机，应如何处理？

问：在某评标现场，监督人员发现某评标专家 A 偷偷用自己的手机向他人发送短信，请问如何处理？

答：专家 A 的评审结论无效，应更换专家重新评审。

《招标投标法》第三十八条规定"招标人应当采取必要的措施，保证评标在严格保密的情况下进行。"《招标投标法实施条例》第四十八条规定："评标过程中，评标委员会成员有回避事由、擅离职守或者因健康等原因不能继续评标的，应当及时更换。被更换的评标委员会成员作出的评审结论无效，由更换后的评标委员会成员重新进行评审。"因此，专家 A 的行为已严重影响评标现场的保密要求，违反评标纪律，应立刻停止其评标活动，并按要求重新更换专家。

221. 评标专家收受"好处费"的法律责任有哪些？

问：评标专家收受投标人给予的"好处费"，法律风险有哪些？

答：评标专家收受投标人好处的，可能面临被行政处罚、没收收受财物、不得再担任评标专家等风险，甚至面临刑事追责。

《招标投标法》第五十六条规定："评标委员会成员收受投标人的财物或者其他好处的，评标委员会成员或者参加评标的有关工作人员向他人透露对投标文件的评审和比较、中标候选人的推荐以及与评标有关的其他情况的，给予警告，没收收受的财物，可以并处三千元以上五万元以下的罚款，对有所列违法行为的评标委员会成员取消担任评标委员会成员的资格，不得再参加任何依法必须进行招标的项目的评标；构成犯罪的，依法追究刑事责任。"

《刑法》第一百六十三条第一款规定："公司、企业或者其他单位的工作人员利用职务上的便利，索取他人财物或者非法收受他人财物，为他人谋取利益，数额较大的，处五年以下有期徒刑或者拘役；数额巨大的，处五年以上有期徒刑，可以并处没收财产。"

第二章　评标澄清

222. 评标委员会能否接受投标人对其投标文件主动提出的书面澄清?

问:B市自来水厂管网工程项目投标截止时间前,先后收到投标人A公司快递和授权代表现场提交的两份投标文件,因其密封均符合要求,开标现场予以拆封宣读报价,但两份报价并不一致。评标阶段投标人A授权代表主动递交澄清说明,表明以快递方式提交的投标文件发出后已要求撤回,这属于快递工作失误,请求就该投标文件进行撤销投标处理。评标委员会该如何处理?

答:根据《招标投标法实施条例》第五十二条规定,评标阶段对投标文件的澄清,一是投标文件需出现可以澄清的法定情形;二是发起主体是评标委员会;三是必须通过书面形式进行,且评标委员会"不得接受投标人主动提出的澄清、说明"。本案例中,投标人提交了两份投标文件,并不属于可以澄清的法定情形,同时涉及是否否决投标的实质性内容,也不能以澄清方式作出改变。综上所述,评标委员会对于该投标人主动提出的所谓撤销其中一份投标文件的澄清要求应予以拒绝，并严格按照招标文件以及《招标投标法实施条例》第五十一条第（四）项的规定进行评审，以投标人A提交两个以上不同的投标文件为由否决其投标。

223. 评标委员会可对投标文件哪些问题要求投标人进行澄清、补正？

问：评标委员会为了全面准确地了解投标文件的内容，对于投标文件存在的哪些瑕疵、问题，可要求投标人进行澄清、说明或补正？

答：一般对于投标文件中含义不明确的内容、对同类问题表述不一致或者明显文字和计算错误以及投标文件存在细微偏差的，评标委员会可要求投标人作出澄清、补正。

《招标投标法》第三十九条规定："评标委员会可以要求投标人对投标文件中含义不明确的内容作必要的澄清或者说明。"《招标投标法实施条例》第五十二条规定："投标文件中有含义不明确的内容、明显文字或者计算错误，评标委员会认为需要投标人作出必要澄清、说明的，应当书面通知该投标人。"《评标委员会和评标方法暂行规定》第十九条第一款规定："评标委员会可以书面方式要求投标人对投标文件中含义不明确、对同类问题表述不一致或者有明显文字和计算错误的内容作必要的澄清、说明或者补正。澄清、说明或者补正应以书面方式进行并不得超出投标文件的范围或者改变投标文件的实质性内容。"该规定第二十六条规定："细微偏差是指投标文件在实质上响应招标文件要求，但在个别地方存在漏项或者提供了不完整的技术信息和数据等情况，并且补正这些遗漏或者不完整不会对其他投标人造成不公平的结果。细微偏差不影响投标文件的有效性。评标委员会应当书面要求存在细微偏差的投标人在评标结束前予以补正。拒不补正的，在详细评审时可以对细微偏差作不利于该投标人的量化，量化标准应当在招标文件中规定。"

224. 评标委员会能否要求投标人撤回招标人不能接受的偏差？

问：在某招标项目评标过程中，评标专家发现某投标人提出了多项技术偏差，其中部分偏差与招标人的实际要求不符。因此，招标人希望评标委员会向投标人发出澄清，要求投标人撤回不符合招标人要求的偏差投标内容。评标委员会是否可以要求投标人撤回投标偏差？

答：评标委员会能否要求投标人撤回偏差，取决于该偏差属于细微偏差还是重大偏差。

《招标投标法》第二十九条规定，投标人在招标文件要求提交投标文件的截止时间前，可以补充、修改或者撤回已提交的投标文件，并书面通知招标人。因此，在提交投标文件的截止时间届满后，投标人不得补充、修改、替代或者撤回其投标文件，招标人也不得接受投标人对投标文件补充、修改、替代或者撤回的要求。根据《评标委员会和评标方法暂行规定》第二十三条、第二十六条的规定，评标委员会应当审查每一份投标文件是否对招标文件提出的所有实质性要求和条件作出响应。未能在实质上响应的投标，应当予以否决。细微偏差不影响投标文件的有效性。评标委员会应当书面要求存在细微偏差的投标人在评标结束前予以补正。拒不补正的，在详细评审时可以对细微偏差作不利于该投标人的量化。

225. 投标报价出错应如何处理？

问：A 公司在对某建设工程项目投标时，因为工作人员疏忽大意，出现投标报价计算错误，大小写金额不一致，评标委员会评审时是否作投标无效处理？

答：《评标委员会和评标方法暂行规定》第十九条规定："评标委员会可以书面方式要求授标人对投标文件中含义不明确、对同类问题表述不一致或者有明显文字和计算错误的内容作必要的澄清、说明或者补正。澄清、说明或者补正应以书面方式进行并不得超出投标文件的范围或者改变投标文件的实质性内容。投标文件中的大写金额和小写金额不一致的，以大写金额为准；总价金额与单价金额不一致的，以单价金额为准，但单价金额小数点有明显错误的除外；对不同文字文本投标文件的解释发生异议的，以中文文本为准。"根据《工程建设项目施工招标投标办法》第五十三条，评标委员会在对实质上响应招标文件要求的投标进行报价评估时，除招标文件另有约定外，应当按下述原则进行修正：

（1）用数字表示的数额与用文字表示的数额不一致时，以文字数额为准。

（2）单价与工程量的乘积与总价之间不一致时，以单价为准。若单价有明显的小数点错位，应以总价为准，并修改单价。

按前款规定调整后的报价经投标人确认后产生约束力。

因此，当投标文件出现金额大小写不一致时，应当以文字金额为准，评标委员会应按照上述规则修正投标报价并经投标人确认后作为最终报价，如果投标人不予确认，则否决其投标。

226. 投标报价明显低于标底或成本时，该投标人投标如何处理？

问：A 公司参加 B 公司桥梁工程建设招标项目的投标，A 公司工程量清单投标报价明显低于工程建设成本，招标人如何处理 A 公司的投标？

答：应通知投标人澄清解释，不能合理解释的，应否决其投标。

《评标委员会和评标方法暂行规定》第二十一条规定："在评标过程中，评标委员会发现投标人的报价明显低于其他投标报价或者在设有标底时明显低于标底，使得其投标报价可能低于其个别成本的，应当要求该投标人作出书面说明并提供相关证明材料。投标人不能合理说明或者不能提供相关证明材料的，由评标委员会认定该投标人以低于成本报价竞标，应当否决其投标。"其中是否构成以低于成本的报价竞标由评标委员会判定。

227. 投标人能不能进入评标现场确认澄清事项？

问：H市国企投资兴建的城区文化旅游项目市政道路工程项目（合同估算价620万元）进行公开招标，评标期间评标委员会发现A公司投标文件中载明的项目技术负责人缴纳社保周期少于招标文件规定的6个月，评标委员会就此事展开了讨论，最终要求A公司代表进入评标现场解答，A公司代表进入评标现场，并提供了符合要求期限的社保期限材料，评委会予以认可并给予赋分。该程序有何不妥？

答：《招标投标法》第三十九条、《招标投标法实施条例》第五十二条，明确了评标过程中投标人澄清、说明的具体范围和具体方式，即"投标文件中有含义不明确的内容、明显文字或者计算错误，评标委员会认为需要投标人作出必要澄清、说明的，应当书面通知该投标人。投标人的澄清、说明应当采用书面形式，并不得超出投标文件的范围或者改变投标文件的实质性内容"。

本案例中，澄清、说明程序出现了以下几点错误：

（1）A公司投标文件中项目技术负责人的社保缴纳周期短于招标文件规定，并非含义不明且明显文件或计算错误，不应发起澄清程序，投标人未按照招标文件的规定提供相应证明材料，导致不符合要求引起的失分甚至无效投标的后果，应由投标人自行承担。

（2）评标委员会要求 A 公司进入评标现场当面澄清、说明，违反了《招标投标法》第四十四条第二款"评标委员会成员不得私下接触投标人"以及《评标委员会和评标方法暂行规定》第五条"招标人应当采取必要措施，保证评标活动在严格保密的情况下进行"等有关规定，因此与评标工作无关的 A 公司代表不应进入评标现场，投标人澄清、说明方式应严格按照《招标投标法》及其实施条例的规定，通过书面形式进行。投标人代表进入评标现场与评标委员会面对面沟通，还存在投标人获知评标过程细节、中标候选人的推荐情况以及中标结果前评标委员会信息外泄等法律风险，对此《招标投标法》第四十四条第三款、第三十七条第五款有详细描述。

（3）投标人澄清、说明不能超出投标文件范围，本案例中社保证明材料为得分项，虽不涉及是否无效投标的实质性内容，但评标委员会人为扩大澄清、说明范围，并认可了 A 公司超出投标文件范围另行提供的证明，影响了中标候选人评审排序。

228.招标人可否在评标期间通过澄清改变招标文件的内容？

问：评标委员会在评标的过程中发现招标文件中载明的一项主要技术参数有错误，不符合招标项目的要求，此时可否修正该技术参数错误后，通知投标人按照修改后的技术参数进行澄清确认？

答：不可以。

《招标投标法》第二十三条规定："招标人对已发出的招标文件进行必要的澄清或者修改的，应当在招标文件要求提交投标文件截止时间至少 15 日前，以书面形式通知所有招标文件收受人。"《招标投标法实施条例》第二十一条规定："招标人可以对已发出的资格预审文件或者招标文件进行必要的澄清或者修改。澄清或者修改的内容可能影响资格预审申请文件或者投标文件编制的，招标人应当在资格预审申请文件截止时间至少 3 日前，或者投标截止时间至少 15 日前，以书面形式通知所有获取资格预审文件或者招标文件的潜在投标人。"也就是说，招标人只能在投标截止时间前对招标文件进行澄清或者修改，而且对可能影响投标文件编制的澄清或者修改必须在投标截止时间至少 15 日前发出。因此，在投标截止以后，不得再对招标文件进行任何修改，也不得在评标期间通过澄清改变招标文件的内容。

在投标截止时间之后，才发现招标文件存在实质性内容的疏漏错误，导致无法继续评标，或者即使继续评标可能导致评标结果不公平或不符合招标人采购要求（如采购数量、关键技术参数错误）的，可行之策就是终止当次招标活动，在修改招标文件后重新组织招标。不宜在评标过程中直接修改招标文件后通过澄清程序要求投标人对其进行响应。《国家发展改革委等部门关于严格执行招标投标法规制度进一步规范招标投标主体行为的若干意见》（发改法规规〔2022〕1117号）也强调：评标委员会在评标过程中发现问题的，应当及时向招标人提出处理建议；发现招标文件内容违反有关强制性规定或者招标文件存在歧义、重大缺陷导致评标无法进行时，应当停止评标并向招标人说明情况。

229. 当投标人对评标委员会的澄清要求拒绝回答或"答非所问"时应如何处理？

问：某招标项目在评标过程中，评标专家发现 A 公司的投标文件对于设备的关键参数前后响应不一致，评标委员会要求 A 公司进行澄清。A 公司发来的书面回复中罗列了设备的一些其他参数，但并未对要求澄清的关键参数正面作出明确的答复和说明。对此如何评审？

答：如果评标委员会发出澄清通知，投标人不予回答，或者尽管进行答复，但并不予正面回答，"答非所问"，也就是"拒不按照要求对投标文件进行澄清"，则根据《评标委员会和评标方法暂行规定》第二十二条规定，评标委员会可以否决其投标。

本案例中，评标委员会发现 A 公司技术投标文件中参数响应不一致，属于投标文件对同类问题表述不一致，且关键参数属于实质性问题，不进行澄清可能影响评审、定标，在这种情况下投标人不予以正面回复，根据上述法律规定，评标委员会可以否决其投标。

第三章　否决投标

230. 潜在投标人资格后审不合格后如何处理？

问：A 公司道路施工工程项目招标，招标公告明确采用资格后审方式对投标人资格进行审查。B 公司投标，评标委员会经评审发现 B 公司资质不符，对 B 公司投标如何处理？

答：评标委员会应当否决 B 公司投标。

《招标投标法实施条例》第二十条规定："招标人采用资格后审办法对投标人进行资格审查的，应当在开标后由评标委员会按照招标文件规定的标准和方法对投标人的资格进行审查。"采用资格后审方式招标，所有自认为符合投标条件的潜在投标人都可参与投标。在开标后评标阶段，由评标委员会对招标人资格条件等方面进行审查。依据《招标投标法实施条例》第五十一条"有下列情形之一的，评标委员会应当否决其投标：……（三）投标人不符合国家或者招标文件规定的资格条件"的规定，对经审查发现不符合国家或招标文件规定的资格条件的投标人，评标委员会应否决其投标，不再进入详评阶段。

231. 投标文件响应的投标有效期超过招标文件规定的，是否属于否决投标情形？

问：投标文件相应的投标有效期超出了招标文件规定的投标有效期范围，该情形是否属于否决投标情形？

答：《招标投标法》第二十五条规定，招标人应当在招标文件中载明投标有效期。投标有效期从提交投标文件的截止之日起算。招标文件规定的投标有效期是最短期限要求，投标有效期时限长，表明投标文件对投标人约定的时间长，一般来说对招标人是有利的。因此，投标文件相应的投标有效期超出招标文件规定的，应视为投标文件的响应情况优于招标文件的要求，不应作否决处理。

232.投标函落款时间晚于投标截止时间，该投标是否有效？

问：某招标项目的投标截止时间为 2023 年 1 月 10 日，投标人 A 在投标截止时间前递交了投标文件，但是该投标文件中的投标函落款时间为 2023 年 1 月 11 日，晚于投标截止时间，而投标函附录中却明确按照招标文件要求写明了投标有效期为 90 日。请问：此时投标文件生效时间如何确定？投标还是否有效？

答：投标文件自投标截止时间生效，投标有效。

投标文件属于要约，根据《民法典》有关要约生效的理论，投标文件自投标截止之日起生效，开始计算投标有效期。由于投标有效期本身的重要性，招标文件往往要求投标人要将投标有效期在投标文件投标函或投标函附录中予以明示。本案例中投标人的投标函附录已实质响应招标文件投标有效期规定，应当认为投标人对于该投标函在投标截止时间生效是完全知情且自愿的，故投标函落款时间晚于投标截止时间应属于笔误，投标人并没有另行明确投标文件生效时间，应认为本案例中的投标有效。

233. 是否允许投标人通过修正或者撤销投标文件中不符合要求的条款，使之成为合格的投标？

问：A 公司参加某建设项目的招标活动，将招标文件中打星号的实质性内容条款部分遗漏，未在投标文件中予以回应。开标之后，A 公司想修正投标文件，是否允许？

答：不允许。

《工程建设项目施工招标投标办法》第五十二条明确规定："投标文件不响应招标文件的实质性要求和条件的，招标人应当拒绝，并不允许投标人通过修正或撤销其不符合要求的差异或保留，使之成为具有响应性的投标。"

234. 中标通知书发出后才发现中标人的文件存在重大偏差，中标结果还有效吗？

问：某工程货物招标项目，采购一批电梯设备。发出中标通知后，招标人才发现中标人投标文件中的电梯技术参数不满足招标文件中的技术参数要求，该技术参数要求属于实质性内容，投标人应当完全响应，但是评标委员会在评标时未发现该中标人的重大偏差。那么，该中标人的中标结果还有效吗？

答：该中标人的中标结果无效。

《招标投标法实施条例》第八十一条规定："依法必须进行招标的项目的招标投标活动违反《招标投标法》和本条例的规定，对中标结果造成实质性影响，且不能采取补救措施予以纠正的，招标、投标、中标无效，应当依法重新招标或者评标。"评标委员会成员有《招标投标法实施条例》第七十一条、第七十二条所列行为之一，如果在中标通知书发出前发现并被查实的，责令改正，重新评标；如果在中标通知书发出后发现并查实，且对中标结果造成实质性影响的，中标无效。评标委员会不按照招标文件规定的评标标准和方法评标，属于《招标投标法实施条例》第七十一条所列行为之一，因此如果是中标通知书发出后发现中标人的投标文件中存在重大偏差，则中标无效。

235. 投标文件对同一问题表述不一致是否会导致投标无效？

问：A公司参与了某建设工程勘察设计项目投标，但其所提供的企业诚信档案信息库截图中的营业执照发证日期与其投标文件内提供的营业执照发证日期不一致，评标委员会进行资格审查时可否据此认定其不符合招标文件规定，并以此为由否决其投标？

答：《招标投标法》第三十九条规定，评标委员会可以要求投标人对投标文件中含义不明确的内容作必要的澄清或者说明，但是澄清或者说明不得超出投标文件的范围或者改变投标文件的实质性内容。根据《国家发展改革委等部门关于严格执行招标投标法规制度进一步规范招标投标主体行为的若干意见》（发改法规〔2022〕1117号）规定，发现投标文件中含义不明确、对同类问题表述不一致、有明显文字和计算错误、投标报价可能低于成本影响履约的，应当先请投标人作必要的澄清、说明，不得直接否决投标。由此可知，投标文件中两处营业执照发证日期不一致属于文件瑕疵，可通过澄清与说明进行补正，且不会直接导致投标被否决。

236. 投标人投标文件中的偏差表写明"无偏差"，但所投标的产品重要技术参数不符合招标文件技术规范书的要求。该投标人的中标有效吗？

问：某国有企业货物类公开招标项目，中标候选人公示发布后，有供应商提出异议，声称中标人所投标的产品数项重要技术参数与招标文件技术规范书严重不符，未能满足招标文件的实质性要求，存在重大偏差，其投标文件应当被否决。招标人收到异议后调查发现，该异议内容属实，评标委

应被否决?

答:该投标文件未满足招标文件评标办法规定,应被否决。

《最高人民法院关于公布失信被执行人名单信息的若干规定》(法释〔2017〕7号)第七条第一款规定:"各级人民法院应当将失信被执行人名单信息录入最高人民法院失信被执行人名单库,并通过该名单库统一向社会公布。""中国执行信息公开网"是最高人民法院建设的司法公开三大平台之一,公布全国的失信被执行人名单信息。招标文件要求投标人不得被"中国执行信息公开网"网站列入失信被执行人,应当理解为投标人不得被全国各级人民法院列为失信被执行人。

本案例中,投标人A提供的查询截图不能证明其在全国各级人民法院范围内均未被列入失信被执行人,不满足招标文件要求,应被否决。

239. 在招标文件未规定的情况下,投标人自行提交了投标备选方案,应如何处理?

问:A公司投标B电站业主营地及其附属工程项目,因工作人员失误,A公司先后向B电站提交了2个版本的投标文件(报价不同),B电站招标文件未要求投标人提交备选文件,此时投标文件的效力应如何认定?

答:应否决A公司投标。

《评标委员会和评标方法暂行规定》第三十八条规定:"根

据招标文件的规定，允许投标人投备选标的，评标委员会可以对中标人所投的备选标进行评审，以决定是否采纳备选标。不符合中标条件的投标人的备选标不予考虑。"《招标投标法实施条例》第五十一条规定，"有下列情形之一的，评标委员会应当否决其投标：……（四）同一投标人提交两个以上不同的投标文件或者投标报价，但招标文件要求提交备选投标的除外"。招标文件未明确规定是否允许投标人提交备选方案的，评标委员会可以仅评议主选方案，不宜作出否决投标的决定。如果投标人未标明主选或备选方案的，可否决投标。因为投标人提交了两份方案，对其他投标人不公平，也会造成评标委员会无法评标，有悖诚信原则，故对此类行为应当否决投标。

240. 评标过程中，投标人法定代表人变更对投标有什么影响？

问：A 公司、B 公司参与某工程项目投标。评标期间，A 公司被 B 公司的母公司兼并，此时 A 公司和 B 公司法定代表人均为王某，A 公司发函告知招标人，该变动对 A 公司和 B 公司投标有何影响？

答：两公司投标均作无效处理。

依据《招标投标法实施条例》第三十四条第二款、第三款规定："单位负责人为同一人或者存在控股、管理关系的不同单位，不得参加同一标段投标或者未划分标段的同一招标

项目投标。违反前两款规定的，相关投标均无效。"该条例第
三十八条规定："投标人发生合并、分立、破产等重大变化的，
应当及时书面告知招标人。投标人不再具备资格预审文件、招
标文件规定的资格条件或者其投标影响招标公正性的，其投标
无效。"因此，在中标通知书下发前，若投标人组织形式变更、
法定代表人变更出现违反招标投标公正性的情况，相关投标人
的投标均无效。在实践中，投标人应特别注意此类情形。

241. 投标文件仅签字或盖章是否有效？

问：某国有企业招标项目，评标委员会发现一份投标文
件仅有法定代表人签字，并未盖有单位公章。请问：该投标
文件是否有效？

答：该投标文件有效。

《招标投标法实施条例》第五十一条规定："有下列情形之
一的，评标委员会应当否决其投标：（一）投标文件未经投标
单位盖章和单位负责人签字……"据此，否决投标文件的前
提是既未经单位盖章，也没有单位负责人签字。故在本案例
中，投标文件仅签字或盖章并不影响投标文件本身的有效性。

242. 授权委托书上只盖了单位公章，没有法定代表人签 字，是否应被否决？

问：《招标投标法实施条例》第五十一条规定："有下列情
形之一的，评标委员会应当否决其投标：（一）投标文件未经

235

投标单位盖章和单位负责人签字……"某招标文件的评标办法中规定,投标文件中的"授权委托书"既要盖章又要有法定代表人的签字,否则将会被否决。该招标文件发出后,有潜在投标人提出异议,认为招标文件的规定违反了上述规定,应予以纠正。那么,该异议合理吗?

答:该异议并不合理。

《民法典》第一百六十五条规定:"委托代理授权采用书面形式的,授权委托书应当载明代理人的姓名或者名称、代理事项、权限和期限,并由被代理人签名或者盖章。"可见,法定代表人的授权委托书本身就需要法定代表人签字或盖章。如果法定代表人没有签字或盖章,则该授权委托书是无效的。授权委托书仅有法定代表人签字或仅有单位公章的具有法律效力。实践中,可在招标文件中对"签字和盖章"或"签字或盖章"作出明确规定,如招标文件否决条款中规定无法定代表人出具的授权委托书、无单位公章的,可以否决该投标;若招标文件中未有具体规定,则不能因此否决投标。授权委托书既无投标人单位公章又无法定代表人(或授权代表)签字的,才可以依据《招标投标法实施条例》第五十一条第(一)项的规定否决投标。

243. 招标文件明文规定手写签字不能用签字章代替,投标人仍使用签字章的,投标文件效力如何?

问:某招标项目的招标文件载明"法定代表人授权委托

书上的法定代表人和被授权人姓名均需手写签字，且不能以签字章代替"。评标时发现，投标人 A 法定代表人姓名处盖的法定代表人的签字章，被授权人签名处为手写签字。那么，在招标文件明文规定手写签字不能用签字章代替的情况下，投标人仍使用签字章的，投标文件效力如何？

答：投标人 A 的投标文件格式不符合招标文件规定，其投标应被否决。

《评标委员会和评标方法暂行规定》第二十五条规定"投标文件不符合招标文件中的实质性要求的为重大偏差，应否决投标"。

本案例中，招标文件已明确规定"法定代表人授权委托书上的法定代表人和被授权人姓名均需手写签字，且不能以签字章代替"。投标人 A 法定代表人的签名仍用签字章代替手写签字，显然违背了招标文件的规定，评标委员会据此否决其投标并无不当。

244. 投标人未根据招标文件规定提供"列入经营异常名录信息"查询结果截图，评标委员会应如何处理？

问：某国有企业采用公开招标的方式采购一批货物，招标文件中规定："被国家企业信用信息公示系统列入严重违法失信企业名单或经营异常名录信息的企业，相关投标文件将被否决。"并要求投标人"提供该系统查询页面的截图"。评标委员会在评标期间，发现某投标人只提供了"列入严重违法失信名单"的查询截图，未提供"列入经营异常名录信息"的查询截图，但是该投标人是知名上市企业，声誉很好。对于该投标人，评标委员会应当如何处理？

答：评标委员会应当按照招标文件的要求，否决该投标人的投标。本案例中的招标文件要求提供"列入严重违法失信名单"和"列入经营异常名录信息"的查询截图，但是投标人 A 仅提供了"列入严重违法失信名单"的查询截图，未提供"列入经营异常名录信息"的查询截图，属于不符合招标文件规定的投标文件格式要求，未响应招标文件实质性要求，评标委员会应当否决其投标。

245. 投标人自认为其"未实质性响应招标文件要求"是合理的，那么该投标应被否决吗？

问：某国有企业设备采购招标项目，招标文件不仅规定了招标项目的最高投标限价，还载明"每台设备的报价不得超过'设备分项限价表'中写明的单价控制价，否则投标文件将会被否决"。在评标期间，评标委员会发现某投标人部分设备单价超过了单价控制价，就对该投标人予以否决。但事后该投标人提出异议称部分设备的单价控制价设置不合理，远低于市场价。如果该投标人的异议属实，评标委员会否决其投标文件的行为是否不合理？

答：无论该投标人的异议是否属实，评标委员会否决该投标人的投标文件都是合理的。

《招标投标法》第十九条规定："招标文件应当包括招标项目的技术要求、对投标人资格审查的标准、投标报价要求和评标标准等所有实质性要求和条件以及拟签订合同的主要条款。"《招标投标法》第二十七条第一款规定："投标人应当按照招标文件的要求编制投标文件。投标文件应当对招标文件提出的实质性要求和条件作出响应。"可见，投标报价要求属于招标文件的实质性内容，上述案例中的投标人没有对招标文件规定的单项限价要求作出响应，评标委员会应当否决其投标。

246. 投标文件封面上的投标人名称写错了一个字，可以以形式不符合为由否决投标吗？

问：某工程项目招标文件的评标办法中规定："投标人名称应当与营业执照、资质证书、安全生产许可证一致，否则投标文件将会被否决。"某投标人提交的投标文件中营业执照、安全生产许可证和企业资质中都显示公司名称为"××有限公司"，但是该投标文件封面上的投标人名称显示为"××有限公示"。评标委员会可以根据上述评标办法的规定否决该投标人的投标文件吗？

答：评标委员会不可以否决该投标文件。

《招标投标法实施条例》第五十二条第一款规定："投标文件中有含义不明确的内容、明显文字或者计算错误，评标委员会认为需要投标人作出必要澄清、说明的，应当书面通知该投标人。"××有限公示"不可能是任何公司的真实名字，因为其不符合《公司法》的命名规则，不会被公司登记机关通过。投标文件封面上的投标人名称属于明显的文字错误，评标委员会应当要求投标人进行澄清、说明。

投标文件封面虽然属于投标文件格式的一部分，但是与投标函及其附录，以及投标文件其他部分的内容相比，投标文件封面的作用在于标记投标文件，评标委员会不能仅依据投标文件封面上的投标人名称来进行该项形式评审，作出否决投标的处理。

247. 招标人评标时沿用已经取消的强制性标准条文并据此否决投标合理吗?

问：某工程项目招标，招标文件规定采用工程量清单计价方式，评标时，在招标文件未作规定的情况下直接沿用2013年颁布的《建设工程工程量清单计价规范》中"安全文明施工费不得作为竞争性费用"的规定对投标人 A 的报价予以否决。请问：招标人的该种做法是否合理?

答：不合理。

随着 2020 年国家市场监督管理总局发布的有关规定，强制性国家标准取消了条文强制。在招标文件未作另外规定的情况下，继续沿用强制性条文规定，据此否决投标人 A 的投标报价，不合理，也不符合《招标投标法实施条例》第四十九条"评标委员会成员应当依照《招标投标法》和本条例的规定，按照招标文件规定的评标标准和方法，客观、公正地对投标文件提出评审意见。招标文件没有规定的评标标准和方法不得作为评标的依据"的规定。

248. 招标文件对分项报价格式未作规定，投标报价采用的报价格式与招标工程量清单采用的计价规范不一致，是否应当否决？

问：某输变电工程施工项目采用工程量清单计价方式招标，招标人委托某电力设计院编制工程量清单，编制人按照《电力建设工程工程量清单计价规范》（DL/T 5745—2021）编制了一份清单，但并未对投标文件分项报价格式作出要求。评标委员会在评标时发现部分投标单位按照《输变电工程工程量清单计价规范》（Q/GDW 11337—2014）的分项格式编制投标报价。对于这些投标人的投标报价文件，评标委员会应当否决吗？

答：评标委员会不应否决这些投标人的投标文件。

投标报价格式应当与招标工程量清单采用的计价规范一致，由于上述两个规范均不属于强制性规范，招标文件应对本次招标采用的规范予以说明，包括招标工程量清单的编制、投标报价说明以及投标文件格式。由于本次工程量清单编制的不专业，招标文件未规定投标分项报价的格式。此时，投标报价文件只要满足了招标文件有关投标报价的实质性要求，报价就是有效的。尽管根据不同计价规范编制的投标报价文

件在综合单价、报表格式上略有不同，但只要投标报价响应
了招标文件实质性要求均应当被接受。因此，本项目中评标
委员会不能仅因为投标人报价格式未按照《电力建设工程工
程量清单计价规范》（DL/T 5745—2021）的要求，就否决其
投标文件。

249. 同一个招标项目，母公司撤回投标文件后，子公司的投标还有效吗？

问：某国企公开招标项目，A 公司提交了投标文件。在
投标截止时间前，A 公司得知其控股子公司 B 公司也参与了
该项目投标，遂立即撤回自己的投标文件。评标过程中，评
标委员会认为，A 公司与 B 公司共同参加了本项目投标，根
据《招标投标法实施条例》第三十四条的规定 B 公司的投标
无效。请问：此时 B 公司的投标还有效吗？

答：B 公司的投标有效。

《招标投标法实施条例》第三十四条规定"单位负责人为
同一人或者存在控股、管理关系的不同单位，不得参加同一
标段投标或者未划分标段的同一招标项目投标。"据此规定，
A 公司与 B 公司不得参加该项目投标，俗称"母子投标"。但
需注意的是，投标人于投标截止时间之前撤回投标文件，不
应当视为"参加投标"。《招标投标法》第二十九条规定"投
标人在招标文件要求提交投标文件的截止时间前，可以补充、
修改或者撤回已提交的投标文件，并书面通知招标人"。据此

规定，投标截止时间前，A 公司撤回投标，所以 A 公司实际并未参加本项目投标，那么 A、B 公司的"母子投标"就无从谈起，B 公司投标有效。

250. 投标报价文件中漏报了一整个专业的清单内容，评标委员会可以否决该投标文件吗？

问：某输变电工程的招标工程量清单包含"××项目输变电工程工程量清单"和"××项目市政工程工程量清单"两个专业的清单。招标文件的投标报价要求中规定，投标报价清单的编制应当符合《建设工程工程量清单计价规范》（GB 50500—2013）的要求。评标委员会在评审过程中发现，某投标人的投标报价文件中漏报了"××项目市政工程工程量清单"的所有清单项目，但其投标总价正常，既没有低于成本，也没有超过最高投标限价。评标委员会可以否决该投标吗？

答：评标委员会应当否决该投标。

《招标投标法》第十九条规定："招标文件应当包括招标项目的技术要求、对投标人资格审查的标准、投标报价要求和评标标准等所有实质性要求和条件以及拟签订合同的主要条款。"可见，投标报价要求属于招标文件的实质性要求和条件之一。

招标文件的投标报价要求中规定了投标报价清单的编制应当符合《建设工程工程量清单计价规范》（GB 50500—

2013）的要求，该规范第 6.1.4 条规定："投标人必须按招标工程量清单填报价格。项目编码、项目名称、项目特征、计量单位、工程量必须与招标工程量清单一致。"上述投标报价文件中缺失"××项目市政工程工程量清单"，与招标工程量清单严重不一致，其本质上属于未对招标文件的实质性要求和条件作出响应，根据《招标投标法实施条例》第五十一条"有下列情形之一的，评标委员会应当否决其投标：……（六）投标文件没有对招标文件的实质性要求和条件作出响应……"的规定，评标委员会应当否决该投标。

251. 货物采购中，采用单价合同报价时，其中某一项产品价格远低于市场价能认定整体投标报价低于成本吗？

问：某货物采购招标项目，招标范围包括诸多办公设备，采用单价合同进行报价。在评审过程中，评标专家发现投标人 A 的某型号计算机报价仅为 800 元 / 台，经市场调研该型号计算机售价不低于 8000 元 / 台。于是评标委员会以投标人 A 投标报价低于其成本为由否决其投标。评标委员会的做法是否妥当？

答：评标委员会做法不妥。本次招标采用单价合同报价且招标范围非单一子目，评标委员会仍应从投标报价的整体来评估投标报价的合理性。

《招标投标法》第三十三条所指的"低于成本"是指"低

于投标人为完成投标项目所需支出的个别成本"，这里所提及的"完成投标项目所需支出"应是指投标总价。相较于总价合同报价，价格部分仅有总价为实质性内容，而单价合同报价中单价和总价都是实质性要求，但这并不意味着，要对清单内每个子目的报价都按《招标投标法》第三十三条规定进行逐一评审，判断子目单价是否低于成本。《建设工程工程量清单计价规范》中第6.2.6条规定的"未填写单价和合价的项目，可视为已包含在已标价工程量清单中其他子目的单价和合价之中"。这也正符合了《招标投标法》第三十三条规定的精神。需要注意的是，单价报价如果清单仅包含单个子目时，投标人所报单价严重低于成本时，其投标总价必然低于成本，此时评标委员会应对投标予以否决。

252. 建设工程投标人资格条件不合格的应否否决投标？

问：某建设工程招标文件中要求投标人应当具有市政公用工程施工总承包资质，甲公司投标，但其不具备该资质，评标委员会在核查资质时因工作疏忽未否决其投标，后甲公司中标并与招标人签订了建设工程施工合同。请问：该中标是否有效？该施工合同是否有效？

答：建筑业企业资质是法律规定的资格条件，是建筑业企业承揽工程的必备条件。《建筑法》第十三条规定，从事建筑活动的建筑施工企业、勘察单位、设计单位和工程监理单位，按照其拥有的注册资本、专业技术人员、技术装备和已完成的建筑工程业绩等资质条件，划分为不同的资质等级，经资质审查合格，取得相应等级的资质证书后，方可在其资质等级许可的范围内从事建筑活动。招标单位在招标文件中明确要求投标人应当具有市政公用工程施工总承包资质，而该投标人并不具备该资质，根据《工程建设项目施工招标投标办法》第五十条第二款，"有下列情形之一的，评标委员会应当否决其投标：……（三）投标人不符合国家或者招标文件规定的资格条件……"。因此，本案例中，甲公司不具备相应资质，其中标无效，评审委员会应当否决其投标。

根据《最高人民法院关于审理建设工程施工合同纠纷案件适用法律问题的解释（一）》第一条"建设工程施工合同具有下列情形之一的，应当依据《民法典》第一百五十三条第一款的规定，认定无效：（一）承包人未取得建筑业企业资质或者超越资质等级的……"规定，该施工合同也无效。

253. 被列为失信被执行人的单位改名后参加投标，可以否决其投标文件吗？

问：某招标项目的招标文件中规定，投标人不得被最高人民法院在"信用中国"网站、"中国执行信息公开网"网站以及其他各级信用信息共享平台中列入失信被执行人名单，否则投标无效。评标委员会在评标时发现，其中一个投标人在该项目招标前进行过公司名称的变更，其在名称变更前被列入了失信被执行人。那么，评标委员会是否应当否决该投标?

答：评标委员会应当否决该投标人的投标。

《民事诉讼法》第二百四十三条规定："发生法律效力的民事判决、裁定，当事人必须履行。"法院作出的判决是具有强制性的，当事人必须履行，即使其名称改变，也不会影响法院判决的强制性，变更名称后的公司仍然是属于被执行人。

投标人虽然在被列入失信被执行人名单后进行了公司名称变更，但其名称变更后责任主体不变，变更名称前受到的处罚也不会因为其企业名称发生变化而终止。因此，评标委员会应当根据招标文件的要求，否决其投标。

254. 某公司被列入经营异常名录，是否应予以否决投标?

问：某国有企业采购项目，专家在评审环节发现，某公司在国家企业信用信息公示系统显示被列入经营异常名录，此时是否应当否决其投标?

答：应视招标文件内容而定。

《招标投标法实施条例》第四十九条规定："评标委员会成员应当依照《招标投标法》和本条例的规定，按照招标文件规定的评标标准和方法，客观、公正地对投标文件提出评审意见。招标文件没有规定的评标标准和方法不得作为评标的依据。"所以，当招标文件明确禁止该类企业参与投标时，评标委员会应当否决其投标。

《企业信息公示暂行条例》第十八条规定："对被列入经营异常名录或者严重违法企业名单的企业，在政府采购、工程招标投标、国有土地出让、授予荣誉称号等工作中，依法予以限制或禁入。"据此可知，对于被列入经营异常名录的企业被限制或禁入政府采购、工程招标投标等活动应依法进行，并非一概禁止参与投标竞标，包括对国企采购项目的投标。

所以就本案例而言，如果招标文件明确禁止该类企业参与投标，评标委员会可以直接否决其投标。

255. 货物招标时投标报价超过项目概算，招标人可否以此为由否决该投标？

问：某公司采购工程设备，部分投标人的投标报价超出了项目概算价，评标委员会能否否决该部分投标？

答：投标报价超出概算不是法定否决投标的理由。

《工程建设项目货物招标投标办法》第五十三条规定："必须审批的工程建设项目，货物合同价格应当控制在批准的概算投资范围内；确需超出范围的，应当在中标合同签订前，报原项目审批部门审查同意。项目审批部门应当根据招标的实际情况，及时作出批准或者不予批准的决定；项目审批部门不予批准的，招标人应当自行平衡超出的概算。"因此，对于必须审批的工程建设项目，其货物招标超出概算的，应报请审批部门批准概算调整，不应否决其投标；对于核准和备案类项目，也没有因此否决投标的法律依据。

256. 不同投标人高级管理人员之间存在交叉任职、人员混用或者亲属关系的，其投标能否予以否决？

问：《国家发展改革委等部门关于严格执行招标投标法规制度进一步规范招标投标主体行为的若干意见》（发改法规规〔2022〕1117号）就严格执行招标投标法规制度，进一步规范招标人、投标人、评标专家、招标代理机构以及行政监督部门等主体行为提出意见。其中指出"加大违法投标行为打击力度，重点关注投标人之间存在关联关系，不同投标人高级管理人员之间存在交叉任职、人员混用或者亲属关系，经常性'抱团'投标等围标串通投标高风险迹象"。请问：投标人之间存在上述情形的，应否直接否决投标？

答：不能直接否决投标。

《招标投标法实施条例》第三十四条第二款规定："单位负责人为同一人或者存在控股、管理关系的不同单位，不得参加同一标段投标或者未划分标段的同一招标项目投标。"据此看出，不得参与投标的不同单位的"关联关系"有两种，分别是"单位负责人为同一人"及"不同投标人之间存在控股、管理关系"，并不包括前文所述情形。

《国家发展改革委等部门关于严格执行招标投标法规制度进一步规范招标投标主体行为的若干意见》（发改法规规〔2022〕1117号）作出上述规定，仅是强调该种关系存在"围标串通投标高风险迹象"，应在评标环节予以"重点关注"，并未提出直接否决投标。因此，对于实践中出现的不同投标人高级管理人员之间存在交叉任职、人员混用或者亲属关系的情形，只能说投标人存在串通投标的可能性比较大，招标人仍需结合投标文件其他内容予以重点关注和辨别。

257. 评标时有效投标人不足3家能否继续评标活动？

问：A公司某工程建设项目招标，共有3个投标人，评标时发现一个投标人的安全生产许可证过期，招标文件规定安全生产许可证是必备条款，故否决其投标。实质性响应的有效投标仅有两家，能否继续评标活动？

答：经评标委员会认定该两家存有竞争性的，可以继续评标。

《评标委员会和评标方法暂行规定》第二十七条规定："评标委员会根据本规定第二十条、第二十一条、第二十二条、第二十三条、第二十五条的规定否决不合格投标后，因有效投标不足3个使得投标明显缺乏竞争的，评标委员会可以否决全部投标。"当进入评标阶段，有效投标仅有一家或两家时，需要进一步核实投标人的资格是否符合要求，是否实质性响应了招标文件，是否存在充分竞争。即使只有两家有效投标人，如果投标文件载明的价格、施工组织设计、质量保修、工程安排、人员组织和施工机具投入等方面，作出了充分响应，或者与同类项目的市场行情相比存在一定优势，从有益于项目实施和竞争择优的角

259. 一位评标专家评审失误是否必然导致评标结果无效？

问：某公开招标项目分为两个标段，两个标段招标范围工作内容相近。在发出中标通知书后发现，一位评标委员会成员在采用相同评审方法的情况下对两个标段内的近似的技术文件赋予较大悬殊的评分，经查实属于该评标委员会成员评审失误。那么，该项目的评标结果是否无效呢？

答：应看该评标专家的失误是否对评标结果造成实质性影响。

《招标投标法实施条例》第四十九条第一款规定："评标委员会成员应当依照《招标投标法》和本条例的规定，按照招标文件规定的评标标准和方法，客观、公正地对投标文件提出评审意见。招标文件没有规定的评标标准和方法不得作为评标的依据。"客观，就是要求评标委员会成员作出的评审结论建立在事实基础上，实事求是，不偏不倚。公正，就是要求评标委员会成员评审标准统一，不能畸轻畸重、宽严不一、厚此薄彼。评标委员会成员未客观公正地提出评审意见，会对评审意见起到影响作用，但这种影响有些是决定性的，比如应否决的没有否决或者个别评委的详评打分足以影响评标结果；有的并不具有决定性，比如个别评委的详评打分并不足以影响评标结果。

260. 招标文件对关键技术指标要求前后矛盾、某些主要技术指标要求缺失，是否继续进行评审？

问：某国企采购某生产设备，在评标过程中，评标专家发现招标文件中对同一关键技术指标要求多处规定不一致，并且某些主要技术指标缺失，则评标委员会是否继续进行评审？

答：评标委员会应当停止评审并向招标人进行反馈，招标人应修改招标文件并重新组织招标活动。

参照《政府采购货物和服务招标投标管理办法》第六十五条规定，"评标委员会发现招标文件存在歧义、重大缺陷导致评标工作无法进行，或者招标文件内容违反国家有关强制性规定的，应当停止评标工作，与采购人或者采购代理机构沟通并作书面记录。采购人或者采购代理机构确认后，应当修改招标文件，重新组织采购活动"。《国家发展改革委等部门关于严格执行招标投标法规制度进一步规范招标投标主体行为的若干意见》（发改法规规〔2022〕1117号）也规定："评标过程中发现问题的，应当及时向招标人提出处理建议；发现招标文件内容违反有关强制性规定或者招标文件存在歧义、重大缺陷导致评标无法进行时，应当停止评标并向招标人说明情况"。

261. 评标委员会可以通过哪些途径或手段核实投标人的资格证明文件及业绩证明材料的真实性？

问：招标文件一般仅要求投标人提供投标人资格证明文件（如资质等级证书、生产许可证、试验报告）、业绩证明材料（如中标通知书、合同）的复印件。实践中，为谋求中标，个别投标人提供虚假的财务报表、资格证明文件或伪造、虚报业绩。由于这些投标文件资料在评标现场难以核实，那么有哪些途径或者手段可以核实这些文件材料的真实性呢？

答：招标人、评标委员会可采取以下多种方式进行核实：

（1）评标委员会向投标人澄清核实。评标工作中，对于资格、业绩证明文件真伪有疑点的，可以提出澄清，要求投标人提供原件以供核对。

（2）评标委员会请求第三方配合核实。例如，可以联系投标文件载明的相关项目业主单位协查，对业绩证明文件是否系伪造予以核实；或者联系资质证书、生产许可证、试验报告出具单位，对证书、报告的真实性予以鉴别。

（3）对中标候选人再次进行资格审查。中标候选人的经营、财务状况发生较大变化或者存在违法行为，招标人认为可能影响其履约能力的，应当在发出中标通知书前由原评标委员会按照招标文件规定的标准和方法审查确认。

（4）招标人对于经常参与投标的厂商进行事前资质调查。对经常参加投标的厂商，可以通过书面文件审查、现场调研、合同履约评分等形式，提前调查评估其生产服务能力，供具体项目评标时参考。

（5）通过出具资质证书、生产许可证、试验报告等资格证明文件的单位官方网站查询核实。如全国建筑市场监管公共服务平台可对建筑工程施工许可证电子证照进行查询；各省市住建厅门户网站中的建筑市场监管服务系统可查询建筑企业资质、专业类别及等级；中国合格评定国家认可委员会官网可查询已获认可的检验机构及实验室。

262. 国有企业邀请招标的项目中，评标委员会有必要对被邀请的投标人进行资格审查吗？

问：某国有企业在年初时通过公开征集的方式开展了一次"供应商年度资质能力信息核实"，并组建了自己的合格供应商库。在年中的一次货物招标项目中，招标人采用了邀请招标的方式，并在该库中选择了三家供应商邀请其参加投标。该项目的招标文件中列明了投标人资格条件，而且评标办法也规定了资格审查的内容，但是被邀请的投标人通过了"供应商年度资质能力信息核实"的单位，此时评标委员会还有必要对被邀请的投标人进行资格审查吗？

答：虽然上述国有企业进行了"供应商年度资质能力信息核实"，并据此从中选择了被邀请的投标人，但招标文件中列明了投标人资格审查事项，评标委员会就应按照招标文件的规定对所有邀请投标人再次进行资格审查，不能直接跳过该环节。

事实上，"供应商年度资质能力信息核实"并不能代替项目的投标人资格审查。这是因为项目招标距离"供应商年度资质能力信息核实"已有半年之久，库内合格供应商实际经营状况极有可能发生重大变化；也有可能当初符合某些条件要求的，已不再符合；此外，本次招标的资格条件与年度资质能力核实设定的资格条件也未必完全一致。

263. 招标代理机构不允许投标人查看评分详情是否违反公正原则？

问：某招标代理机构，在一个招标项目中，某未中标的投标人要求该招标代理机构公示评审得分明细？这个要求是否合理？

答：《招标投标法》并未规定招标人必须向投标人公布评分明细。如果未中标的投标人要求查看自身的得分明细，法律无此方面的具体规定。未中标人自身的得分明细不属于商业秘密，也不属于"技术信息和经营信息"。未中标人查看自身的明细得分，招标人或招标代理机构可以告知。地方政府部门如果有公开评分细则的规定的，照此执行。

264. 评标时发现招标文件严重错误是否可以修改招标文件？

问：A公司招标抽水蓄能调度通信设备。评标委员会在评标时发现招标文件中的合同文本供货期间 1 月供货写成了 11 月供货，A 公司是否可以修改合同文本？

答：不可以。

《招标投标法实施条例》第二十一条规定："招标人可以对已发出的资格预审文件或者招标文件进行必要的澄清或者修改。澄清或者修改的内容可能影响资格预审文件或者投标文件编制的，招标人应当在提交资格预审文件截止时间至少 3 日前，或者投标截止时间至少 15 日前，以书面形式通知所有获取资格预审文件或者招标文件的潜在投标人；不足 3 日或者 15 日的，招标人应当顺延提交资格预审文件或者投标文件的截止时间。"投标截止后，基于公平原则，招标人不能再对招标文件进行修改，投标人也不能再作出响应。实务中，若发现招标文件存在序号错误、法律法规文号错误等部分瑕疵，招标人可在合同谈判或实际履行中修正。

265. 工程项目评标过程中是否可以进行磋商谈判？

问：某房建工程项目（合同估算价 280 万元）拟采用公开招标方式发包，评标过程中招标人要求就招标文件未明确的缺陷责任期限以及承包人拟投入的施工机具安排等内容，与所有投标人逐一进行磋商，该要求是否合理？

答：招标过程中，招标人与投标人不得进行磋商、谈判。

招标方式主要适用于技术服务等要求明确、合同条款清晰的项目，这也是招标方式与竞争性谈判、竞争性磋商等其他采购方式的主要区别之处。后者这类采购方式则适用于技术复杂或者性质特殊，不能确定详细规格或者具体要求的项目。工程项目由于工程强制性标准、有关规范、施工工艺、技术比较成熟，一般情况下，前期已通过勘察、设计、工程量清单等方式确定了具体的实施条件、范围和有关要求，招标人应通过招标文件将有关内容予以明确，无须在评标等阶段进行所谓的谈判、磋商。因此，《招标投标法》第四十三条规定："在确定中标人前，招标人不得与投标人就投标价格、投标方案等实质性内容进行谈判。"同时，《招标投标法实施条例》第三十条也明确，对于技术复杂或者无法精确拟定技术规格的项目，则可采用两阶段招标方式确定最终的技术要求。综上所述，招标项目有关要求须在招标文件中予以明确，在确定中标人前的各阶段，均不可以通过磋商、谈判等方式与投标人进行协商。

266. 评标委员会成员与某投标人存在利害关系，其作出的评审结论是否有效？

问：在评标结果公示期间，A公司发现某评标人员是中标单位法定代表人的配偶，该评标人员作出的评审结论是否有效？

答：该评标人员作出的评审结论无效。

《招标投标法实施条例》第四十八条规定："评标过程中，评标委员会成员有回避事由、擅离职守或者因健康等原因不能继续评标的，应当及时更换。被更换的评标委员会成员作出的评审结论无效，由更换后的评标委员会成员重新进行评审。"《评标委员会和评标方法暂行规定》第十二条规定："有下列情形之一的，不得担任评标委员会成员：（一）投标人或者投标人主要负责人的近亲属。（二）项目主管部门或者行政监督部门的人员。（三）与投标人有经济利益关系，可能影响对投标公正评审的。（四）曾因在招标、评标以及其他与招标投标有关活动中从事违法行为而受过行政处罚或刑事处罚的。评标委员会成员有前款规定情形之一的，应当主动提出回避。"因此，本案例中，因评标专家之一为投标人单位法定代表人的配偶，具有前述规定的应当回避的法定事由，其应当回避但未回避，根据《招标投标法实施条例》第七十一条规定，由有关行政监督部门责令改正；情节严重的，禁止其在一定期限内参加依法必须进行招标的项目的评标；情节特别严重的，取消其担任评标委员会成员的资格。

267. 投标文件项目名称与招标文件不完全一致，如何评审？

问：某国有企业集中招标，共分为 3 个标包，其中一个项目招标文件中项目名称为"综合安全监控中心建设工程"，评标过程中发现某投标人投标文件项目名称均为"调度监控中心建设工程"，为该批次另一招标项目名称。评标委员会对此应如何处理？

答:《招标投标法》第二十七条规定:"投标人应当按照招标文件的要求编制投标文件。投标文件应当对招标文件提出的实质性要求和条件作出响应。"招标投标活动为合同订立的过程,招标公告为招标人发出的要约邀请,投标文件为投标人按其要求发出的要约。《民法典》第四百七十二条规定:"要约是希望与他人订立合同的意思表示,该意思表示应当符合下列条件:(一)内容具体确定。(二)表明经受要约人承诺,要约人即受该意思表示约束。"招标文件载明要约邀请内容,非常明确具体;投标文件载明要约内容,对招标文件的实质性内容作出全面响应,包括其载明的项目名称应当与招标文件表述一致,如果两者不一致,则视为未对要约邀请发出相应要约,即未对招标文件进行实质性响应,应当否决该投标。

本案例中,投标人投标文件项目名称为"调度监控中心建设工程",与招标文件项目名称"综合安全监控中心建设工程"不一致,评标委员会应当依据《招标投标法实施条例》第五十一条第(六)项规定否决该投标。

当然,如果投标文件载明的项目名称虽有错误但仅属个别文字错误,不影响准确区分招标项目的,可以要求投标人澄清,而非直接作否决投标处理。

268.评标委员会如何审查投标人之间是否存在关联关系?

问:某国有企业使用的招标文件模板中存在如下规定:"投标人不得存在下列情形:(1)与本招标项目的其他投标人存

在控股、管理关系……"那么，评标委员会如何审查投标人之间是否存在关联关系？

答：《招标投标法实施条例》第三十四条规定"单位负责人为同一人或者存在控股、管理关系的不同单位，不得参加同一标段投标或者未划分标段的同一招标项目投标。"为了判断投标人之间是否存在法律禁止的关联关系，招标文件应要求投标人提交公司的股权结构来加以判断，也可以利用或开发专业的"企业关联关系查询系统"来查询判断。

269. 同一个框架协议产生的3份订单合同，算一项业绩还是三项业绩？

问：某国有企业采用公开招标的方式采购工程服务项目。招标文件规定："投标人近三年有一项有效同类业绩的得 6 分，每多提供一项有效同类业绩加 2 分，满分 10 分。"投标人 A 提供了"×× 工程服务的框架协议"，并附上了该框架协议下的 3 份订单合同。请问：投标人 A 有几项有效业绩？

答：在招标文件未明确规定，且投标人的业绩证明材料符合招标文件要求的情况下，每一份订单合同都可以单独算一项业绩。

框架协议采购是指采购人针对一定时期内的采购需求，通过公开征集的方式，确定一个或多个符合条件的供应商入围并与之签订框架协议，在实际需求发生时，由采购人或者服务对象按照框架协议约定的规则，在入围供应商范围内确定成交供应商并授予订单合同的采购方式。虽然订单合同是在框架协议约定的规则下产生的，但是订单合同有明确的当事人、标的和数量，每份订单合同都是独自成立的具有法律约束力的合同。因此，每一份订单合同都可以单独算一项业绩。

270. 评标报告应包括哪些内容？

问：某施工招标项目，评标委员会完成评标后，应当向招标人提出书面评标报告，该书面报告应包括哪些内容？

答：依据《评标委员会和评标方法暂行规定》第四十二条规定，评标委员会完成评标后，应当向招标人提出书面评标报告，并抄送有关行政监督部门。评标报告应当如实记载以下内容：

（1）基本情况和数据表。

（2）评标委员会成员名单。

（3）开标记录。

（4）符合要求的投标一览表。

（5）废标情况说明。

（6）评标标准、评标方法或者评标因素一览表。

（7）经评审的价格或者评分比较一览表。

（8）经评审的投标人排序。

（9）推荐的中标候选人名单与签订合同前要处理的事宜。

评标报告由评标委员会全体成员签字。

271. 评标委员会成员拒绝在评标报告上签字，应当如何处理？

问：某单位内部道路施工项目招标，评标委员会成员李某对评标结论有异议，拒绝在评标报告上签字。李某是否有权拒绝签字？评标委员会应当如何处理？

答：《招标投标法实施条例》第五十三条第二款规定："评标报告应当由评标委员会全体成员签字。对评标结果有不同意见的评标委员会成员应当以书面形式说明其不同意见和理由，评标报告应当注明该不同意见。评标委员会成员拒绝在评标报告上签字又不书面说明其不同意见和理由的，视为同意评标结果。"因此，本案例中，李某具有不同意见，应当在评标报告上签署不同意见并签名；若李某没有提交书面说明又不愿意在评标报告上签字的，则视为同意评标结果，并承担相应责任。

272. 招标人审查评标报告，应重点关注哪些事项？

问：《国家发展改革委等部门关于严格执行招标投标法规制度进一步规范招标投标主体行为的若干意见》（发改法规〔2022〕1117号）赋予招标人对评标报告的审查权。请问：招标人审查评标报告应当重点关注哪些事项？

答：根据《国家发展改革委等部门关于严格执行招标投标法规制度进一步规范招标投标主体行为的若干意见》（发改

法规规〔2022〕1117 号）规定，招标人应当在中标候选人公示前认真审查评标委员会提交的书面评标报告，发现异常情形的，依照法定程序进行复核，确认存在问题的，依照法定程序予以纠正。重点关注评标委员会是否按照招标文件规定的评标标准和方法进行评标；是否存在对客观评审因素评分不一致，或者评分畸高、畸低现象；是否对可能低于成本或者影响履约的异常低价投标和严重不平衡报价进行分析研判；是否依法通知投标人进行澄清、说明；是否存在随意否决投标的情况。有效投标不足 3 个的，应当对投标是否明显缺乏竞争和是否需要否决全部投标进行充分论证，并在评标报告中记载论证过程和结果。

273. 公示中标候选人信息包括哪些内容？

问：根据《招标公告和公示信息发布管理办法》第六条的规定，依法必须招标项目的中标候选人公示应当载明"中标候选人响应招标文件要求的资格能力条件"，请问：

（1）这些资格能力条件具体包括哪些文件？是否包括用于证明业绩的合同复印件？是否包括技术人员的职业证书等相关文件？

（2）若需要将用以响应招标文件要求的资格能力条件中的业绩合同复印件进行公示，是否会对投标人的商业秘密构成侵害？

（3）除了公布总分、排序、报价等基本内容，是否需要将评标委员会评分的每一小项的分数都予以公示？

答：问题（1）：中标候选人响应招标文件要求的资格能力条件具体包括哪些文件要视具体招标项目要求而定，无法通过立法作出统一规定。

问题（2）：《招标公告和公示信息发布管理办法》只要求公开中标候选人响应招标文件要求的资格能力条件，未要求公开证明业绩的合同复印件等证明文件。

问题（3）：关于是否需要公示评标委员会评分的每一小项的分数，目前各地做法各不相同，国家层面没有统一规定。但招标人从提高招标投标活动透明度、接受社会监督的角度出发自愿公开的，可以在中标候选人公示中公布相关内容，但评标委员会成员的名单应当保密。

274. 工程建设项目未进行中标候选人公示违法吗？

问：某工程项目 8 月 10 日是投标截止日，8 月 11 日就发出中标通知书。未公示中标候选人违法吗？

答：招标人未公示中标候选人是否违反法定程序，要看项目是否为依法必须招标的项目。

《招标投标法实施条例》第五十四条第一款规定，依法必须进行招标的项目，招标人应当自收到评标报告之日起 3 日内公示中标候选人，公示期不得少于 3 日。该条款关于中标候选人公示的规定是针对"依法必须进行招标的项目"的。换而言之，法律并没有强制性要求非必须招标的项目必须公示中标候选人，招标人可以自由选择公示与否。必须招标的项目未依法进行中标候选人公示，应承担相应的法律责任。如《四川省国家投资工程建设项目招标投标条例》第四十一条规定，中标候选人未经公示的，行政监督部门可以给予警告，责令限期改正，并可并处 1 万元以上 3 万元以下的罚款。

275. 中标候选人公示与中标公告有何区别？

问：在招标投标过程中，经评标后，招标人发布中标候选人公示，公示结束后发布中标公告。请问：中标候选人公示与中标公告的区别在哪里？各具备哪些法律效力？

答：根据《招标投标法实施条例》第五十四条规定，依法必须进行招标的项目，招标人应当自收到评标报告之日起 3 日内公示中标候选人，公示期不得少于 3 日。投标人或者其他利害关系人对依法必须进行招标的项目的评标结果有异议的，应当在中标候选人公示期间提出。招标人应当自收到异议之日起 3 日内作出答复，作出答复前，应当暂停招标投标活动。

中标结果公示的性质为告知性公示，即向社会公布中标结果。中标候选人公示与中标结果公示均是为了更好地发挥社会监督作用的制度。两者区别有以下两点：一是向社会公开相关信息的时间点不同，前者是在最终结果确定前，后者是最终结果确定后；二是中标候选人公示期间，投标人或者其他利害关系人可以依法提出异议，中标结果公示后则不能提出异议。

276. 履约能力审查的启动条件是什么？

问：A公司机组设备检修工程项目招标，B公司为中标候选人之一。此时，B公司受大环境影响经营状况急剧恶化，负债2000万元且长期未还，A公司能否对B公司启动履约能力审查？

答：可以。

《招标投标法实施条例》第五十六条规定："中标候选人的经营、财务状况发生较大变化或者存在违法行为，招标人认为可能影响其履约能力的，应当在发出中标通知书前由原评标委员会按照招标文件规定的标准和方法审查确认。"从上述条款看，履约能力审查应具备两个条件："中标候选人的经营、财务状况发生较大变化或者存在违法行为"和"招标人认为可能影响其履约能力"，缺一不可。当中标候选人存在此类情况，同时招标人主观认为存在履约不能的可能性就可以依法启动审查程序。

277. 中标通知书发出后才发现中标单位经营、财务状况发生变化，影响履约能力，应当如何处理？

问：《招标投标法实施条例》第五十六条规定"中标候选人的经营、财务状况发生较大变化或者存在违法行为，招标人认为可能影响其履约能力的，应当在发出中标通知书前由

原评标委员会按照招标文件规定的标准和方法审查确认"。该
种情形发生在评标完成后，中标通知书发出前。如果招标人
在中标通知书发出后才发现中标人经营、财务状况出现危机，
流动资金紧张，影响其履约能力，应当如何处理？

答：根据《招标投标法》及其实施条例的规定，招标人
与中标人应当在中标通知书发出之日起30日内签订书面合
同，并积极履行合同，实现合同目的。如果招标人在中标通
知书发出后才发现中标人影响合同履行的情形，或者中标人
在此期间才发生上述情形，鉴于中标通知书已经发出，合同
已经成立，此时发生争议应按照《民法典》合同编的相关规
定执行。

《民法典》第五百六十三条规定：在履行期限届满前，当
事人一方明确表示或者以自己的行为表明不履行主要债务，
当事人可以解除合同。所谓"以自己的行为表明不履行主要
债务"是指虽未明确拒绝履行，但是其自身的经营、财务状
况或存在的其他违法行为等已表明当事人不再具有继续履行
合同的能力。比如本案例中，中标人经营、财务状况严重恶
化，影响其履约能力，其虽然未向招标人明确表示放弃履行
合同，但是就其财务状况来看，实际不再有继续履行该合同
的能力，据此招标人为了及时止损，可根据《民法典》第
五百六十三条规定行使合同解除权，并要求对方承担违约责
任；也可以根据《民法典》第五百二十五条行使不安抗辩权。

278. 招标人或招标代理机构是否有权调查第一中标候选人业绩的真伪？

问：某国有企业招标项目，中标候选人公示期间，第二中标候选人提出异议称第一中标候选人投标业绩造假。请问：招标人或招标代理机构是否有权据此对第一中标候选人业绩的真伪展开调查？

答：招标人有权展开调查工作。

《招标投标法实施条例》第五十六条规定："中标候选人的经营、财务状况发生较大变化或者存在违法行为，招标人认为可能影响其履约能力的，应当在发出中标通知书前由原评标委员会按照招标文件规定的标准和方法审查确认。"该条款明确了最终的审查确认主体应为评标委员会，但并未限制招标人在此之前开展调查工作。

因此，招标人收到中标候选人可能业绩造假的异议后，可以进行调查，但需将调查材料交原评标委员会审查确认，由原评标委员会据此作出评审决定。

279. 招标人对评标结果不满意可以组织重新招标吗？

问：某依法必须进行招标项目，招标人对评标委员会推荐的中标候选人均不满意，那么招标人可以宣布项目流标并重新招标吗？

答：不可以。

　　《招标投标法》第四十条第二款规定："招标人根据评标委员会提出的书面评标报告和推荐的中标候选人确定中标人。"按照《国家发展改革委等部门关于严格执行招标投标法规制度进一步规范招标投标主体行为的若干意见》(发改法规规〔2022〕1117号)的规定，招标人应当在中标候选人公示前认真审查评标委员会提交的书面评标报告，发现异常情形(如评标委员会未按照招标文件规定的评标标准和方法进行评标；存在对客观评审因素评分不一致，或者评分畸高、畸低现象，未对可能低于成本或者影响履约的异常低价投标和严重不平衡报价进行分析研判；未依法通知投标人进行澄清、说明；存在随意否决投标的情况)的，依照法定程序进行复核，确认存在问题的，依照法定程序予以纠正，比如重新招标、重新评审。经过复核如果未发现存在异常情形，则仅仅以对评标委员会推荐的中标候选人不满意为由否定评标结果，没有法律依据。

　　此外，《招标投标法实施条例》第八十一条规定："依法必须进行招标的项目的招标投标活动违反《招标投标法》和本条例的规定，对中标结果造成实质性影响，且不能采取补救措施予以纠正的，招标、投标、中标无效，应当依法重新招标或者评标。"该条款明确了招标人重新招标的前提条件，分别是招标无效、投标无效和中标无效。也就是说，如果招标项目依法合规进行，无该类无效情形的，招标人不得重新招标，应当依据评标委员会提交的评标报告和推荐的中标候选人名单确定中标人。

280. 中标人在中标通知书发出之前被列入失信被执行人名单，应如何处理？

问：某项目招标文件要求投标人不得被列入失信被执行人名单，中标候选人在候选人公示日当天被列入失信被执行人名单，此种情况下可以取消其中标资格吗？

答：应当取消中标候选人的中标资格。

《招标投标法实施条例》第三十八条规定："投标人发生合并、分立、破产等重大变化的，应当及时书面告知招标人。投标人不再具备资格预审文件、招标文件规定的资格条件或者其投标影响招标公正性的，其投标无效。"

招标投标活动需要经历一定的时间，在此期间投标人的经营状况、财务状况可能发生变化，也可能因违法而受到停产停业、被人民法院列入失信被执行人名单等处罚。若在评标结束到中标通知书发出前这段时间，投标人未履行告知义务，招标人可根据《招标投标法实施条例》第五十五条、第五十六条规定，由原评标委员会按照招标文件规定的标准和方法审查确认，经查实存在影响中标结果的情形时，招标人可以取消其中标资格，再按照评标委员会推荐的中标候选人顺序依次确定其他中标候选人为中标人，也可以重新招标。

281. 依法必须招标的项目如何公示中标候选人？

问：法律要求依法必须进行招标的项目必须公示中标候选人，那么招标人公司中标候选人应履行哪些程序？

答：根据《招标投标法实施条例》第五十四条规定，依法必须进行招标的项目，招标人应当自收到评标报告之日起3日内公示中标候选人，公示期不得少于3日。根据《电子招标投标办法》第三十五条规定，依法必须招标的项目采用电子招标投标方式的，中标候选人公示应在电子招标投标交易平台进行。同时，《招标公告和公示信息发布管理办法》第八条规定，依法必须招标项目的招标公告和公示信息应当在"中国招标投标公共服务平台"或者项目所在地省级电子招标投标公共服务平台发布。

第六篇

▼

定　标

第一章 确定中标人

282. 招标人可以在投标有效期届满后确定中标人吗？

问：某公司参与 N 市某项目投标，被评为第一中标候选人。但是招标人现在迟迟不发出中标通知书，马上要超出投标有效期了，该如何处理？

答：按照评审委员会推荐的中标候选人名单确认中标人，是招标人的法定义务。为了保证招标投标和项目实施效率，法律也规定招标人应在规定的投标有效期内确定中标人。投标有效期，是招标人对投标人承诺的期限，是保证招标人有足够的时间完成评标和定标的期限。《民法典》第四百七十三条规定，发布招标公告为要约邀请行为。因此，设有投标有效期的投标文件，便是附承诺期限的要约行为。按照《民法典》第四百七十八条相关规定，承诺期限届满，受要约人未作出承诺的，要约失效。也就是说，如果招标人未在投标有效期内发出中标通知书确定中标人，投标文件失效。如招标人在投标有效期届满后才发出中标通知书，则属于新的要约，投标人如果接受该要约则合同成立。根据《招标投标法实施条例》第七十三条规定，依法必须进行招标的项目，招标人无正当理由不发出中标通知书的，中标候选人可以依法向行政监督部门投诉请求责令招标人改正错误，及时发出中标通知书。

283. 为体现中标人利益最大化，该如何限授？

问：某单位某批次项目进行采购，招标文件中"限制中标"规定："各投标人本批次只能中标其中一个项目，若多个项目排序第一，则中标采购金额较大的项目。"

其中有甲、乙、丙三个项目，拟采购金额从大到小依次为甲、丙、乙，最终结果投标人 A 中标项目甲，投标人 B 中标项目乙，投标人 C 中标项目丙。

经招标人和代理机构核实，本批次这三个项目排名见下表：

项目＼排名	1	2	3
甲	A	X	X
乙	B	C	X
丙	A	B	C

注：X 表示除 A、B、C 以外的单位。

但是在之后的巡察时，巡察人员发现，在项目乙与项目丙的排序中，单位 B 都排在单位 C 前面，但单位 B 中标的是采购金额相对较小的项目乙，而不是采购金额相对较大的项目丙，单位 B 的授标没有体现中标人利益最大化的原则。为体现中标人利益最大化，该如何限授？

答：本项目招标文件要求各投标人最多中标本批次其中的一个项目，俗称"限授"。招标人应本着"限授"情况下，中标人利益最大化的原则，在投标人多个项目排名第一的情况下，优先授予其采购金额较大的项目。

本案例中依据招标文件，授标过程如下：

（1）在各项目排序第一的单位中，单位 A 在项目甲和项目丙中都排序第一，所以将金额较大的项目甲授予单位 A。

（2）单位 B 在项目乙中排序第一，所以将项目乙授予单位 B。

（3）在剩余的项目丙中，排序第一的单位 A 和排序第二的单位 B 都已中标了其他项目，所以将项目丙授予单位 C。

由此可见，若单位 B 在项目乙中排名差一点，排序不是第一，其反而可以中标采购金额更大的项目丙，这违背了中标人利益最优化原则以及大多数人的认知。

但是按照中标人利益最大化的原则，招标人应按照采购金额由大到小的顺序依次授标，在将项目甲授予给了单位 A 之后，应当对项目丙进行授标。此时，单位 A 已不再能够中标其他的项目了，项目丙最优选的中标人是单位 B；接着授标项目乙，中标单位是单位 C。

另外，招标文件应作相应完善，将授标原则完善为"各投标人本批次只能中标其中一个项目，若多个项目排序第一，则中标采购金额较大的项目，其余项目该投标人只参加评审，不参加排序（排序为空）"。

284. 招标人在中标候选人以外确定中标人可能产生什么法律后果？

问：某公司通过招标方式购买一套必须招标的工程设备，评标委员会推荐的两名中标候选人的投标报价都超出公司预算，排名第三的投标人的投标报价比较合理，有人提出该项目并非依法必须招标的项目，可以确定该第三名投标人为中标人，也有人提出在中标候选人以外确定中标人为违法行为。请问：招标人能否在中标候选人以外确定中标人，此种行为可能产生什么法律后果？

答：根据《招标投标法》第四十条规定，招标人应根据评标委员会提出的书面评标报告和推荐的中标候选人确定中标人。

《招标投标法实施条例》第七十三条规定，依法必须进行招标的项目，招标人不按照规定确定中标人的，由有关行政监督部门责令改正，可以处中标项目金额 1% 以下的罚款；给他人造成损失的，依法承担赔偿责任；对单位直接负责的主管人员和其他直接责任人员依法给予处分。因此，招标人在评标委员会依法推荐的中标候选人以外确定中标人的，中标无效，由此签订的合同也无效。

285.招标人可以通过对样品进行检测，改变中标结果吗？

问：某大型国有企业家具招标项目招标文件要求投标人提供家具样品，以供详细评审阶段使用，评标专家从家具样品的美感、质感等方面进行量化打分。在中标通知书发出之前，招标人对中标候选人 A 提供的样品家具进行检测发现，样品家具所用板材的甲醛含量与投标文件响应的数值不一致，招标人以此为由取消了其中标资格是否合适？

答：招标人不得通过对样品进行检测改变中标结果。

《招标投标法》第四十条中规定"评标委员会应当按照招标文件确定的评标标准和方法，对投标文件进行评审和比较"。《政府采购法实施条例》第四十四条规定"采购人或者采购代理机构不得通过对样品进行检测、对供应商进行考察等方式改变评审结果"，可供参考。

本案例中，招标文件已明确规定"样品家具"在评审过程中的作用，如果不存在招标无效、评标无效、中标无效情形的，就应接受评标委员会作出的评审结果，不能用其他的方式加以否定。除非招标人有充足的证据证明投标文件《板材鉴定报告》中的数据存在弄虚作假行为。

286. 评标结束后才发现中标人的投标文件中存在细微偏差，该中标人还能中标吗？

问：某依法必须进行招标的工程项目，全部使用国有资金，采用综合评估法进行评标。中标候选人公示期间，招标人收到了针对排名第一的中标候选人的异议，经过招标人核实，异议有效，但异议中的内容只属于细微偏差，不影响排名第一的中标候选人投标文件的有效性。那么，中标候选人公示结束后，该中标候选人还能中标吗？

答：《评标委员会和评标方法暂行规定》第二十四条第二款规定："投标偏差分为重大偏差和细微偏差"，第二十六条规定："细微偏差不影响投标文件的有效性"。本项目采用综合评估法，投标文件中存在细微偏差不会导致投标文件被否决，但会引起投标人的评标得分改变。因此，招标人应当组织原评标委员会对排名第一的中标候选人投标文件中的细微偏差进行评审，重新计算其综合得分，并与其他投标人的综合得分进行比较。如果比较后发现该投标人的排名还是第一，该中标候选人可以中标，采购人可以按照正常程序与该中标人签订合同。该中标人的排名发生变化的，该中标候选人不能中标，采购人应当组织原评标委员会成员重新评标。

约交易成本、提高招标效率。

289. 中标候选人放弃中标，招标人如何处理？

问：评审委员会已确定第一中标候选人，中标候选人公示期间第一中标候选人在不知情的情况下自动放弃，招标人如何处理？

答：放弃中标发生在评标结果公示期，此时中标通知书未发出，承诺未作出，因此中标候选人放弃中标资格应承担缔约过失责任。根据《招标投标法实施条例》第五十五条规定，招标人可以按照中标候选人名单排序依次确定其他中标候选人为中标人或重新招标。同时，根据《招标投标法实施条例》第七十四条规定招标人可以对其投标保证金不予退还；行政监督部门对其责令改正，可以处中标项目金额 1% 以下的罚款。

290. 定标环节能否组织投标人现场答辩、变更投标报价？

问：某公司的招标项目在最后的定标环节，要求每个投标人进行最后一轮现场答辩时作出变更投标价格（如投标价是 100 万元，变更为 90 万元）的承诺并签字、盖章确认，以此作为定标依据，请问该行为合法吗？

答：这种做法不合法。

依据《招标投标法》第四十三条规定，在确定中标人前，招标人不得与投标人就投标价格、投标方案等实质性内容进行谈判。本案例中该公司在定标环节，组织投标人进行现场

285

答辩且要求投标人变更投标报价，实际上属于就投标文件的实质性内容进行谈判，违背了上述法律规定。而且，投标截止之后变更价格与招标投标一次性报价的要求相背离。

第二章 中标通知和公示

291. 中标通知书可以由谁发放?

问：定标之后，中标通知书除了由招标人发出，还可以由谁发出?

答：根据《招标投标法》第四十五条规定，中标人确定后，招标人应当向中标人发出中标通知书，并同时将中标结果通知所有未中标的投标人。可见，一般情况下，中标通知书发出主体应为招标人。同时，《工程建设项目货物招标投标办法》第五十条第二款规定，中标通知书由招标人发出，也可以委托其招标代理机构发出。因此，在招标人明确授权的情况下，招标代理机构也可以发出中标通知书。

如果招标人在招标文件中明确授权招标代理机构有权以其名义发出中标通知书的，则可由招标代理机构单独发出。未经招标人授权，招标代理机构无权自行发出中标通知书。

292. 能否在中标通知书中对中标人附加条件?

问：A公司某建设工程施工项目招标，B公司中标，在发出中标通知书时，A公司能否要求B公司优化施工方案，并以此作为签订合同的条件？

答：根据《招标投标法》第四十六条规定，招标人和中标人不得再行订立背离合同实质性内容的其他协议。并在《招标投标法》第五十九条中对违反上述规定的行为设立了相应法律后果。同时，根据《评标委员会和评标方法暂行规定》第五十五条规定，招标人在订立合同时向中标人提出附加条件的，责令改正，可以处中标项目金额 1% 以下的罚款；给他人造成损失的，依法承担赔偿责任；对单位直接负责的主管人员和其他直接责任人员依法给予处分。因此，在中标通知书中对投标人施加附加条件，属于对招标投标文件内容进行实质性变更，在中标通知书发出后、合同签订前，招标人不得背离合同实质性内容，不可向中标人提出附加条件，且若因此导致未能签订合同的，还应承担上述法律责任。

293. 招标人逾期未发送中标通知书，中标人可否要求其承担缔约过失责任？

问：某工程建设项目招标，中标候选人已经公示结束几周了，但招标人迟迟不发出中标通知书，此时招标人应向中标人承担缔约过失责任吗？

答：《民法典》第五百条规定，当事人在订立合同过程中违背诚实信用原则，造成对方损失的，应当承担缔约过失责任。

经过法定的招标、投标、评标程序后，最终确定中标人，此时招标人应当依据诚实信用原则依法向中标人发送中标通知书，签订中标合同。招标人逾期不发送中标通知书，违背了《招标投标法》的规定和《民法典》的诚信原则。根据《民法典》第五百条，招标人应承担缔约过失责任，赔偿范围一般为中标人的信赖利益损失，最高不得超过其合同有效缔结时的履行利益。

294. 中标人发生分立，招标人是否继续发出中标通知书？

问：某施工类招标项目，在中标通知书发出之前，中标人现已分立成两家新公司（新设分立）。此时，招标人是否继续发出中标通知书？

答：中标通知书发出前，中标人发生分立的，招标人不可以向分立后公司发送中标通知书。

根据《民法典》合同编有关要约和承诺的规定，招标投标过程实质上是合同订立的过程，投标文件是投标人向招标人发出的要约，而中标通知书则是招标人向投标人发出的承诺。要约是特定人希望与他人订立合同的意思表示。要约的目的在于缔结合同，只有要约人特定，受要约人才能承诺并成立合同。特定表意人丧失权利能力和行为能力，要约当然失效。本案例中，由于中标人分立成两家新公司且原公司被注销，既而导致其发出的投标文件失效，中标也无效。所以，中标通知书发出前，中标人发生分立的，招标人不可以向分立后公司发送中标通知书，应在其他中标候选人中选择中标人或重新招标。

295. 中标结果公示是否需要公示中标人的具体评审得分?

问:在某个依法必须招标的项目中,供应商只能看到招标项目名称和中标人名单,无法在中标结果公告查看到每项具体明细得分,招标人的公示是否符合要求?

答:符合要求。

《招标投标法》第四十五条仅强调招标人必须向中标人发出中标通知书,并同时将中标结果通知所有未中标的投标人,并未要求招标人将每项具体明细得分进行公示,且《招标公告和公示信息发布管理办法》第六条第二款也仅规定,依法必须招标项目的中标结果公示应当载明中标人名称。因此,本案例中招标人的公示符合法律要求。

第七篇

合同的订立与履行

第一章　合同谈判

296. 招标人与投标人可在确定中标人之前就相关条款进行谈判吗?

问: A 公司是一家大型国企系统内的咨询服务公司,同属该国企的某业主单位 B 的某服务项目急于进行招标。A 公司是否可以在招标之前就提前与投标人就该项目的实施进行交流谈判?

答: A 公司不得与投标人就合同实质性内容进行预先谈判,非实质性内容可以谈判。

《招标投标法》第四十三条规定 "在确定中标人前,招标人不得与投标人就投标价格、投标方案等实质性内容进行谈判"。可见,法律对于招标人与投标人之间在确定中标人之前的合同谈判行为并未绝对禁止,只是对谈判内容进行了限制,允许就非实质性内容进行谈判,禁止就实质性内容进行谈判。

297. 招标人和中标人在合同签订阶段能否就合同内容进行谈判?

问: 招标人定标之后,进入了合同签订阶段,能不能和中标人就合同内容进行协商、谈判？应注意哪些事项？

答：招标人和中标人在合同签订阶段可以进行协商、谈判，但不得就合同的实质性内容另行协商。

《评标委员会和评标方法暂行规定》第五十一条规定："招标人应当与中标人按照招标文件和中标人的投标文件订立书面合同。招标人和中标人不得再行订立背离合同实质性内容的其他协议。"《招标投标法实施条例》第五十七条也规定："招标人和中标人应当依照《招标投标法》和本条例的规定签订书面合同，合同的标的、价款、质量、履行期限等主要条款应当与招标文件和中标人的投标文件的内容一致。招标人和中标人不得再行订立背离合同实质性内容的其他协议。"因此，招标人和中标人在合同签订阶段不得就合同的实质性内容另行协商，改变招标结果签订合同，否则根据《招标投标法》第五十九条和《招标投标法实施条例》第七十五条规定，招标人和中标人将承担由有关行政监督部门责令改正，可处中标项目金额 0.5% 以上 1% 以下罚款的法律责任。但是，如果仅仅是对合同的细节性、操作性的内容进行补充、细化和完善，则是允许的。合同履行期间，招标人与中标人可依据合同约定和项目执行实际情况依法变更合同内容。

298. 招标人与投标人就投标的实质性内容进行谈判是否必然导致中标无效？

问：《招标投标法》第四十三条规定："在确定中标人前，

招标人不得与投标人就投标价格、投标方案等实质性内容进行谈判。"有观点认为《招标投标法》第四十三条属于强制性规定，只要违反此条规定，就可以认定中标无效或合同无效。那么，这种观点是否正确呢？

答:《民法典》第一百五十三条规定:"违反法律、行政法规的强制性规定的民事法律行为无效。但是，该强制性规定不导致该民事法律行为无效的除外。"根据上述可知，违反法律、行政法规的强制性规定并不必然导致民事法律行为无效。

《招标投标法》第五十五条规定:"依法必须进行招标的项目，招标人违反本法规定，与投标人就投标价格、投标方案等实质性内容进行谈判的，给予警告，对单位直接负责的主管人员和其他直接责任人员依法给予处分。前款所列行为影响中标结果的，中标无效。"只有在同时满足"招标项目属于依法必须招标的项目"和"谈判行为影响中标结果"的前提下，招标人与投标人就实质性内容进行谈判，才会产生中标无效的结果。

当招标人与投标人的谈判行为仅违反《招标投标法》第四十三条规定，但是项目不属于"依法必须招标的项目"或者"行为未影响中标结果"的，不影响中标效力。如在（2019）最高法民终314号案中，最高人民法院认为虽然招标人与投标人就实质性内容进行谈判违反了《招标投标法》第四十三条，但是案涉工程并非必须进行招标投标的项目，不满足《招标投标法》第五十五条规定的中标无效的前提，即属于"依法必须进行招标的项目",因此不属于中标无效的情形,进而认定合同有效。同样,在(2020)最高法民申348号案中,最高人民法院也从《招标投标法》第五十五条出发,认为实质性内容进行谈判导致中标无效的前提是"影响中标结果",而案涉工程并未影响中标结果,因此不属于中标无效的情形,进而认定合同有效。

299. 招标人经过谈判要求中标人对中标价进行下浮,该做法是否合法?

问:某工程项目招标,采用综合评估法进行评标,最终确定投标人 A 为该项目的中标人。双方在合同签订前开展谈判,招标人认为虽然其综合实力很强,但报价偏高,因此提出将中标价下浮 5% 后的价格作为签约合同价。请问:此种做法是否合法?

答:不合法。

一是《招标投标法》第四十六条第一款和《招标投标法实施条例》第五十七条都明确规定招标人和中标人不得再行订立背离合同实质性内容的其他协议。二是《最高人民法院关于审理建设工程施工合同纠纷案件适用法律问题的解释(一)》第二条也明确规定:"招标人和中标人另行签订的建设工程施工合同约定的工程范围、建设工期、工程质量、工程价款等实质性内容,与中标合同不一致,一方当事人请求按照中标合同确定权利义务的,人民法院应予支持。招标人和中标人在中标合同之外就明显高于市场价格购买承建房产、无偿建设住房配套设施、让利、向建设单位捐赠财物等另行签订合同，变相降低工程价款，一方当事人以该合同背离中标合同实质性内容为由请求确认无效的，人民法院应予支持。"因此，本案例中，招标人要求对中标价进行下浮，将会造成合同价款与投标文件中的报价不一致，违反了上述法律规定。即使就降价达成协议，若中标人反悔，也可能会导致招标人处于非常不利的局面。

第二章　合同签订

300. 总公司中标的项目，可以由其分公司签订中标合同吗？

问：某总公司在 A 市中标一项目，正好该总公司在 A 市设有一分公司，为便于就地管理，总公司决定以其分公司名义与招标人签订中标合同，并履行合同。请问：总公司中标的项目，可以转由其分公司名义签订中标合同吗？

答：《招标投标法》第四十六条规定："招标人和中标人应当自中标通知书发出之日起 30 日内，按照招标文件和中标人的投标文件订立书面合同。"据此，签订合同的主体是招标人和中标人。《公司法》第十三条第二款规定："公司可以设立分公司。分公司不具有法人资格，其民事责任由公司承担。"分公司属于总公司分支机构，在法律上、经济上没有独立性，不具有企业法人资格，并以总公司的资产对分公司的债务承担法律责任。分公司签订合同实质上等同于总公司签署、履行。因此，经招标人同意，分公司与招标人签订的合同有效，但是其民事责任由中标人总公司承担。

301. 母公司中标后，子公司可否以自己名义与招标人签订合同？

问：招标人 A 公司招标采购一批铜覆圆钢，C 公司中标后，让子公司 B 公司以自己的名义与 A 公司签订书面合同，A 公司拒绝与 B 公司签订合同是否合法？

答：合法。

《招标投标法实施条例》第五十七条第一款规定："招标人和中标人应当依照《招标投标法》和本条例的规定签订书面合同。招标人和中标人不得再行订立背离合同实质性内容的其他协议。"可见，中标后与招标人签订合同的合法主体只能是投标文件上载明的投标人。因此，B 公司与 A 公司是两个独立的法人，B 公司没有参与投标并中标，不能作为中标人与招标人 A 公司签订合同。B 公司若作为中标人签约，法律性质上属于《招标投标法》第五十八条规定的"将中标项目转让给他人"的行为，与法相悖。

302. 建筑施工企业母公司中标，可否由子公司进行施工？

问：A 公司中标某建设工程施工项目，可否将所承接工程交由其子公司 B 公司进行施工？

答：根据《建筑工程施工发包与承包违法行为认定查处管理办法》第八条规定："存在下列情形之一的，应当认定为转包，但有证据证明属于挂靠或者其他违法行为的除外：（一）

承包单位将其承包的全部工程转给其他单位（包括母公司承接建筑工程后将所承接工程交由具有独立法人资格的子公司施工的情形）或个人施工的……"由此可知，母公司中标后，将工程交由子公司进行施工属于转包行为。

同时，《民法典》第七百九十一条及《建筑法》第二十八条均规定，承包人不得将其承包的全部建设工程转包给第三人或者将其承包的全部建设工程支解以后以分包的名义分别转包给第三人。进而，根据《最高人民法院关于审理建设工程施工合同纠纷案件适用法律问题的解释（一）》第一条规定，承包人非法转包、违法分包建设工程或者没有资质的实际施工人借用有资质的建筑施工企业名义与他人签订的建设工程施工合同无效。综上所述，本案例中建筑施工企业母公司中标，不可由子公司进行施工，否则两者间签订的建设工程施工合同无效。

303. 中标人严重违约能否直接与第二中标候选人签订合同？

问：某公司通过招标确定了一家供应商中标，现在这个供应商没有能力供货，该公司先和这个供应商解除合同，才能与第二中标候选人签订合同？还是需要重新招标？

答：根据《招标投标法实施条例》第五十五条规定，第二名中标候选人递补中标的适用条件是排名第一的中标候选人放弃中标、因不可抗力不能履行合同、不按照招标文件要求提交履约保证金，或者被查实存在影响中标结果的违法行为等情形导致其不符合中标条件。而本案例中不存在上述情形，因此第二中标候选人不能适用上述规定递补中标。再者，原中标人中标并与招标人订立中标合同，则原招标投标活动已经结束，未中标的第二中标候选人的投标文件这项要约在招标人定标时已经失效，故其中标已无适用前提。故此，原中标合同无法继续履行的，对于非依法必须招标项目，可由招标人自主确定第二中标候选人为中标人或重新招标；但对于法定招标项目，只能选择重新招标。

304. 集团公司招标结束，能否由项目需求单位和中标人签订合同？

问：某集团公司想做集中采购，如果集团公司作为招标人组织招标投标活动，之后由需求单位和中标的供应商签订合同可以吗？

答：集中采购是企业为追求规模效益或管理效益，统一管理，发挥集团化整体规模采购优势，对多个工程建设项目或一定时期内需大量、重复性采购的标的物实施集中统一采购的模式。集中采购都是由集团公司受各项目单位的委托，将其采购项目集中起来，作为名义上的"招标人"打捆实施招标采购，两者之间属于民事代理关系，法律后果均归属于各项目单位。在招标文件中一般事前载明每个项目单位，也就是每个招标项目对应的集团内部的子公司或者分公司。每个批次下可以划分多个标段，每个标段应确定唯一的中标人。定标之后，由各项目单位直接与标段的中标人签订合同。

305. 中标确定后签订合同期间有何规定？

问：A 公司招标抽水蓄能机组设备，B 公司中标。A 公司向 B 公司发出中标通知书后由于内部审批流程冗杂，迟迟未与 B 公司签订合同。B 公司工作人员经催告，A 公司仍未与之签订合同。B 公司以招标人无正当理由超过 30 日不与其订立合同为由提起投诉，其投诉应否得到支持？

答：应支持 B 公司诉求。

《招标投标法》第四十六条第一款规定："招标人和中标人应当自中标通知书发出之日起 30 日内，按照招标文件和中标人的投标文件订立书面合同。"《招标投标法实施条例》第七十三条规定："依法必须进行招标的项目的招标人有下列情形之一的，由有关行政监督部门责令改正，可以处中标项目金额 1% 以下的罚款；给他人造成损失的，依法承担赔偿责任；对单位直接负责的主管人员和其他直接责任人员依法给予处分：……（四）无正当理由不与中标人订立合同……"因此，招标人与中标人应在中标通知书发出之日起 30 日内签订合同。

306. 中标合同签订时间早于中标通知书下发时间且其实质性内容背离招标文件，该合同是否有效？

问：某公司中标某国有企业一依法必须招标的项目，最近发现中标合同里面的付款条款和招标文件要求不同，增加了很多约束性付款条款，签署中标合同的时间也早于中标通知书时间，该项目有没有问题？

答：该中标合同涉嫌无效。

《招标投标法》第四十三条规定："在确定中标人前，招标人不得与投标人就投标价格、投标方案等实质性内容进行谈判。"第五十五条又规定："依法必须进行招标的项目，招标人违反本法规定，与投标人就投标价格、投标方案等实质性内容进行谈判的，给予警告，对单位直接负责的主管人员和其他直接责任人员依法给予处分。前款所列行为影响中标结果的，中标无效。"本案例中，中标合同签署如果早于中标通知时间，实际上就是在定标之间进行谈判、签订合同，且包括付款等实质性内容与招标文件要求不同，违反上述规定，将导致合同无效，情节严重的可能被判定为招标人与投标人串通投标。

307. 非招标采购项目合同应何时签订？

问：众所周知，对于招标项目在中标通知书发出后 30 天内应当签订中标合同。请问：对于通过非招标方式采购达成的合同，也必须在成交通知书发出后 30 天内签署吗？

答：《政府采购法》第四十六条规定："采购人与中标、成交供应商应当在中标、成交通知书发出之日起 30 日内，按照采购文件确定的事项签订政府采购合同。"那么，如果属于政府采购项目，采用非招标方式采购的，需要在成交通知书发出后 30 天内签订合同。但是对于企业或者其他采购主体来说，采取非招标方式采购的，并无法律规定其签订合同的期限，但也应当在成交通知书发出后最短的时间内签订合同，以早日固定双方权利义务并履行合同。

308. 建设工程施工合同中约定"罚款"是否合理？

问：某大型央企的施工招标文件乃至施工合同中均存在"如乙方违反合同约定，甲方有权对其处以罚款 ×× 元"的表述，请问该表述是否合理？

答：不宜采用这样的表述。

根据《行政处罚法》和《民事诉讼法》等法律，在我国能够作出罚款决定的主体限于具有执法权的行政机关和具有司法权的人民法院，其与被处罚的单位或个人之间地位不平等。而建设工程施工合同规制的是平等主体（发包人与承包人）之间的合同关系，所以在施工合同中约定罚款不符合规定。

但是合同中使用"罚款"或"罚金"字样的并不鲜见，司法实务中基本将其视作"违约金"。国有企业采购理应严格遵循有关规定，避免在招标文件和合同中使用"罚款"约定，建议采用"违约金"的表述。

309. 原来招标投标文件没有的内容，可以在签订中标合同时补充进去吗？

问：如果招标时招标文件和合同文本中没有明确个别条款（可能是疏忽或不专业），比如违约责任、人员费用等，发出中标通知书后，原来招标文件中合同文本没有的条款，比如原来甲方义务中未提到乙方的"交通和安保"责任，现在乙方要在甲方义务中添加"甲方负责乙方的交通和安保"，乙方认为这属于实质性条款，不得添加，双方对此意见不一致。请问：能否补充这些合同条款内容？

答：招标投标文件中没有涉及的合同条款可以经过双方协商添加到到合同中，这不属于变更原中标合同实质性内容，因为原合同就没有这些条款，这也符合《民法典》第五百一十条关于合同内容补充规则的规定。

310. 构成施工合同的文件之间内容不一致，按什么优先顺序解释？

问：在施工合同订立及履行过程中形成的与合同有关的文件均构成合同文件组成部分，组成合同的各项文件应互相解释，互为说明。如有不明确或不一致之处，如何确定合同文件的优先顺序？

答：《标准施工招标文件（2007 年版）》和《建设工程施工合同（示范文本）》对合同文件优先顺序的规定是一致的，

具体如下：

（1）合同协议书。

（2）中标通知书（如果有）。

（3）投标函及其附录（如果有）。

（4）专用合同条款及其附件。

（5）通用合同条款。

（6）技术标准和要求。

（7）图纸。

（8）已标价工程量清单或预算书。

（9）其他合同文件。

上述合同文件优先顺序的内在逻辑如下：

（1）合同协议书类似一个首先进入的窗口，是优先顺序最高级别的合同文件。

（2）经过要约和承诺两个过程，形成合同，故中标通知书和投标函两个合同成立过程最重要的文件优先顺序为第二位和第三位。

（3）合同条件约定当事人的权利义务，它的优先顺序高于技术细节文件，即合同条款优先于技术标准和要求、图纸和已标价的工程量清单等。

（4）特殊优于一般，专用合同条款优先通用合同条款。

（5）技术标准和要求优先于图纸。

（6）发包人的技术文件要求（技术标准和要求、图纸）优先于"已标价工程量清单或预算书"和其他文件。

311. 中标人在签订合同前提供的作业人员不能满足招标文件的实质性要求，招标人能否拒签合同？

问：某电信设施运维项目招标，招标文件的技术规范书中要求中标人具有 20 个具备登高作业能力的人员，并要求全部通过招标人安监部组织的安规考试。上述要求被招标人用特殊符号标记为实质性要求。合同正式签订之前，招标人对中标单位拟派的作业人员进行了登高作业测试和安规考试。测试结果显示，只有 10 人具备登高作业能力，而安规考试通过率仅为 60%。于是，招标人以中标人不具备履约能力为由，拒绝与其签订合同。请问：招标人的该种做法是否合适？

答：招标人的上述做法不合适。

中标单位满足招标文件要求，理论上具备履约能力，虽然实际的测试结果显示，其与招标人要求存有差距，但该情形应属具体的合同履行问题，即中标单位应保证在合同履行阶段依约履行合同义务。是否具有履约能力与如何实现履约能力需要分别对待。

在上述案例中，一方面需求单位的登高作业能力以及安规考试完全可以通过短期培训实现；另一方面，该类问题实际上也可通过中标人进行人员调剂或劳务外包形式解决，并不必然影响合同履行。当然，如果中标人始终不能按照招标人要求安排有能力的登高人员且通过安规考试，招标人则可以认为其根本违约，并解除合同。

312. 中标人无正当理由拒绝与招标人订立合同有什么法律后果？

问：某工程建设施工项目，A公司收到中标通知书后，认为中标价格利润太低，不愿意与招标人订立中标合同，A公司应承担何种法律责任？

答：《最高人民法院关于适用〈中华人民共和国民法典〉合同编通则若干问题的解释》（法释〔2023〕13号）第四条规定："采取招标方式订立合同，当事人请求确认合同自中标通知书到达中标人时成立的，人民法院应予支持。合同成立后，当事人拒绝签订书面合同的，人民法院应当依据招标文件、投标文件和中标通知书等确定合同内容。"《招标投标法实施条例》第七十四条规定："中标人无正当理由不与招标人订立合同，在签订合同时向招标人提出附加条件，或者不按照招标文件要求提交履约保证金的，取消其中标资格，投标保证金不予退还。对依法必须进行招标的项目的中标人，由有关行政监督部门责令改正，可以处中标项目金额1%以下的罚款。"因此，中标通知书到达后，合同成立，如拒绝签订书面合同，应承担违约责任，赔偿招标人的损失。

313. 排名第一的中标候选人因正当理由主动放弃中标候选人资格，需要承担缔约过失责任吗？

问：某公开招标的高速公路工程施工招标项目，经法定评标程序，某道路施工企业为排名第一的中标候选人。在中标候选人公示期间，该道路施工企业致函称"昨晚我公司在施工时突遭强降雨，山洪及泥石流造成我公司铣刨机和摊铺机等主要设备严重损坏，导致我公司已无力承担贵公司的工程项目，放弃本次投标"。招标人认为，道路施工企业的弃标行为给其带来中标差价损失，即使扣除投标保证金后仍不能弥补该损失，因此要求道路施工企业承担缔约过失责任赔偿差价损失。招标人的要求合理吗？

答：招标人的要求不合理，不能要求道路施工企业承担缔约过失责任。

《民法典》第五百条规定："当事人在订立合同过程中违背诚实信用原则，造成对方损失的，应当承担赔偿责任。"可见，承担缔约过失责任的核心标准之一在于违背诚实信用原则。因突发性强降雨造成山洪、泥石流自然灾害，致使道路施工企业的主要设备严重损坏，从而丧失履约能力，这是放弃中标候选人资格的正当理由，并未违背诚信原则，不满足承担缔约过失责任的核心要件。

314. 招标文件未规定履约保证金条款，定标后发包人是否有权要求承包人缴纳履约保证金？

问：招标文件中未规定中标人需缴纳履约保证金，在签订合同时发包人要求承包人缴纳履约保证金。承包人是否有权以背离招标文件实质性内容为由拒绝缴纳？

答:《招标投标法》第四十六条第二款规定:"招标文件要求中标人提交履约保证金的,中标人应当提交。"《招标投标法实施条例》第五十八条进一步规定,招标文件要求中标人提交履约保证金的,中标人应当按照招标文件的要求提交。履约保证金不得超过中标合同金额的 10%。因此,招标文件未规定履约保证金内容的,发包人事后不能要求中标人缴纳履约保证金。

315. 工程履约保证金和质量保证金是否可以同时收取?

问:A 公司某建设工程项目招标文件规定,中标人在合同签订前,须向招标人交纳 10% 的履约保证金;同时规定招标人在向中标人支付第一次工程款时,扣除 5% 的质量保证金直至缺陷责任期满为止。A 公司是否可以设置这样的条款?

答:不可以。

《国务院办公厅关于清理规范工程建设领域保证金的通知》(国办发〔2016〕49 号)规定:"全面清理各类保证金。对建筑业企业在工程建设中需缴纳的保证金,除依法依规设立的投标保证金、履约保证金、工程质量保证金、农民工工资保证金外,其他保证金一律取消。对取消的保证金,自本通知印发之日起,一律停止收取。在工程项目竣工前,已经缴纳履约保证金的,建设单位不得同时预留工程质量保证金。"《建设工程质量保证金管理办法》第六条也规定,在工程项目竣工前,已经缴纳履约保证金的,发包人不得同时预留工程质量保证金。

第三章　合同的效力

316. 中标合同自中标通知书到达中标人时是否成立并生效？

问：某工程类招标项目，在中标人已收到中标通知书并预备与招标人签订合同之际，招标人以项目规划调整为由拒绝签订合同，并声称因合同尚未签订项目直接取消。招标人的主张是否合理？

答：招标人主张不合理，中标合同自中标通知书到达中标人时已经成立并生效。

根据《民法典》第一百三十七条、第四百八十三条、第四百八十四条规定可知，承诺到达相对人时，合同成立。另根据《民法典》第五百零二条规定："依法成立的合同，自成立时生效，但是法律另有规定或者当事人另有约定的除外。"所以，中标通知书作为招标人向中标人作出的承诺，自其到达中标人时，中标合同成立并生效。

根据《民法典》第四百六十九条第二款有关书面形式的规定，招标文件与投标文件本身已经具备书面形式的要求。《招标投标法》第四十六条指出招标人与中标人应签订书面

311

合同属于管理性要求，并不影响合同的效力。《最高人民法院关于适用〈中华人民共和国民法典〉合同编通则若干问题的解释》（法释〔2023〕13号）第四条第一款明确规定："采取招标方式订立合同，当事人请求确认合同自中标通知书到达中标人时成立的，人民法院应予支持。合同成立后，当事人拒绝签订书面合同的，人民法院应当依据招标文件、投标文件和中标通知书等确定合同内容。"也正如最高人民法院在（2019）最高法民申2241号民事裁定书中指出：当中标人确定，中标通知书到达中标人时，招标人与中标人之间以招标文件和中标人的投标文件为内容的合同已经成立。《招标投标法》第四十六条和涉案招标文件、投标文件要求双方按照招标文件和投标文件订立书面合同的规定和约定，是招标人和中标人继中标通知书到达中标人之后，也就是涉案合同成立之后，应再履行的法定义务和合同义务，该义务没有履行并不影响涉案合同经过招标投标程序而已成立的事实。因此，签订书面合同，只是对招标人与中标人之间的业已成立的合同关系的一种书面细化和确认，其目的是履约的方便以及对招标投标进行行政管理的方便，不是合同成立的实质要件。

317. 中标通知书发出30日后签订的合同是否有效？

问：某工程类项目，招标人与中标人于中标通知书发出30日后才签订中标合同，该合同是否有效？

答：中标通知书发出 30 日后签订的合同有效。

《民法典》第一百五十三条第一款规定："违反法律、行政法规的强制性规定的民事法律行为无效。但是，该强制性规定不导致该民事法律行为无效的除外。"尽管《招标投标法》第四十六条规定招标人与中标人应于中标通知书发出之日起 30 日内签订合同，但是该规定意在规范招标投标活动，约束当事人尽快签订合同，并未规定在限定时间外签订的合同必然无效，也不能判定在该时间限定之外订立的合同必然损害国家或社会公共利益。因此，在中标通知书发出 30 日后订立的合同应认定为有效合同。

318. 招标人未在投标有效期内与中标人签订合同书，中标合同是否成立？

问：招标人采用公开招标的方式采购一批工程材料，在投标有效期内，招标人发出中标通知书，但未与中标人签订书面合同，中标合同是否成立？

答：中标通知书发出并到达中标人时，合同成立并生效。

合同本质上是当事人之间的合意，一般通过要约、承诺的方式订立。结合《民法典》第一百三十七条、第四百八十四条规定，一般情况下承诺到达对方时合同成立并生效。投标有效期是投标文件保持有效的期限，也是招标人对投标人的要约作出承诺的期限。中标通知书是招标人向中标人作出的承诺，自其在投标有效期内发出并到达中标人时，中标合同成立并生效。之后需要签订的合同书只是作为合同成立的证明，未在投标有效期内签署并不影响合同成立。

319. 未进行招标投标程序前签订的施工合同是否有效?

问：某依法必须招标的项目，未进行招标投标程序前签订的施工合同是否具有法律效力?

答：按照《最高人民法院关于审理建设工程施工合同纠纷案件适用法律问题的解释（一）》第一条规定，建设工程必须进行招标而未招标或者中标无效的，建设工程施工合同应当依据《民法典》第一百五十三条第一款的规定，认定无效。"必须进行招标"的建设工程是指《招标投标法》第三条及《必须招标的工程项目规定》《必须招标的基础设施和公用事业项目范围规定》规定的项目范围。故属于必须招标范围的建设工程未招标的，施工合同无效。如属非依法必须招标项目，合同不因招标前开展实质性谈判、签订合同而无效。

320. 中标人自愿让利降低中标价，合同是否有效?

问：G 公司中标某项目后，在与发包人签订施工合同过程中，表示同意"让利"，自愿降低中标价。该条款内容是否符合法律规定?

答：《最高人民法院关于审理建设工程施工合同纠纷案件适用法律问题的解释（一）》第二条第二款规定，招标人和中标人在中标合同之外就明显高于市场价格购买承建房产、无偿建设住房配套设施、让利、向建设单位捐赠财物等另行签订合同，变相降低工程价款，一方当事人以该合同背离中标合同实质性内容为由请求确认无效的，人民法院应予支持。

从上述规定可以看出，即便是招标人与中标人协商一致，中标人自愿降低中标价，该内容也属于背离中标合同实质性内容的情形，属于无效合同内容。当然，工程价款相关条款部分无效，不影响其他合同条款效力。

321. 招标文件规定不调差，施工合同约定可以调差是否有效？

问：某依法必须招标项目招标文件中"投标人须知前附表"规定，合同履行过程中物价波动不可以调整投标报价表中标明的单价和价格。某公司中标后，与招标人签订的施工合同中约定，由于非承包人原因引起的用于本工程的人工、主要材料及机械使用的价格波动超过 ±5% 时，按照……进行调整。现在发包人以合同条款与招标文件不一致为由，不认可材料调差部分，是否合理？

答：招标文件和施工合同作为工程价款结算的重要依据，招标文件与施工合同约定不一致的情况屡见不鲜。一般情况下，发包人不认可该公司材料调差部分符合法律规定。理由：签订施工合同不能违背招标文件实质性内容。《招标投标法》第四十六条明确规定，招标人和中标人应当按照招标文件和中标人的投标文件订立书面合同。招标人和中标人不得再行订立背离合同实质性内容的其他协议。有关合同标的、数量、质量、价款或者报酬等属于实质性条款。而且,《最高人民法院关于审理建设工程施工合同纠纷案件适用法律问题的解释(一)》第二十二条规定,当事人签订的建设工程施工合同与招标文件、投标文件、中标通知书载明的工程范围、建设工期、工程质量、工程价款不一致,一方当事人请求将招标文件、投标文件、中标通知书作为结算工程价款的依据的,人民法院应予支持。

322. 借用被挂靠人资质参与投标所签订的建设施工合同是否有效?

问:A 公司发出的某工程招标文件中明确要求投标人所需资质,B 公司不具备该资质,遂借用 C 公司的资质进行投标,中标后 C 公司与 A 公司所签订的建设工程施工合同是否有效?

答:该建设工程施工合同无效。

《招标投标法》第三十三条规定:"投标人不得以低于成本的报价竞标,也不得以他人名义投标或者以其他方式弄虚作假,骗取中标。"第五十四条第一款规定:"投标人以他人名义投标或者以其他方式弄虚作假,骗取中标的,中标无效,给招标人造成损失的,依法承担赔偿责任;构成犯罪的,依法追究刑事责任。"《招标投标法实施条例》第四十二条第一款解释"使用通过受让或者租借等方式获取的资格、资质证书投标的，属于《招标投标法》第三十三条规定的以他人名义投标。"《建筑工程施工发包与承包违法行为认定查处管理办法》第九条规定："本办法所称挂靠，是指单位或个人以其他有资质的施工单位的名义承揽工程的行为。前款所称承揽工程，包括参与投标、订立合同、办理有关施工手续、从事施工等活动。"该办法第十条规定："存在下列情形之一的，属于挂靠：（一）没有资质的单位或个人借用其他施工单位的资质承揽工程的……"因此，本案例中，B公司借用C公司的资质投标，属于上述"以他人名义投标"的行为，其中标无效。根据《最高人民法院关于审理建设工程施工合同纠纷案件适用法律问题的解释（一）》第一条第一款的规定，该建设工程施工合同也就无效。

323. 正式签署的合同，部分条款和招标文件及投标文件不一致，如何判定合同的效力？

问：A公司中标B公司的工程建设总承包合同，在正式签署合同时，部分条款和招标文件及投标文件不一致，合同效力如何？

答：《招标投标法》第四十六条规定："招标人和中标人应当自中标通知书发出之日起30日内，按照招标文件和中标人的投标文件订立书面合同。招标人和中标人不得再行订立背离合同实质性内容的其他协议。"《招标投标法实施条例》第五十七条规定："招标人和中标人应当依照《招标投标法》和本条例的规定签订书面合同，合同的标的、价款、质量、履行期限等主要条款应当与招标文件和中标人的投标文件的内容一致。招标人和中标人不得再行订立背离合同实质性内容的其他协议。"《最高人民法院关于审理建设工程施工合同纠纷案件适用法律问题的解释（一）》第二十二条规定："当事人签订的建设工程施工合同与招标文件、投标文件、中标通知书载明的工程范围、建设工期、工程质量、工程价款不一致，一方当事人请求将招标文件、投标文件、中标通知书作为结算工程价款的依据的，人民法院应予支持。"该解释第二十三条规定："发包人将依法不属于必须招标的建设工程进行招标后，与承包人另行订立的建设工程施工合同背离中标合同的实质性内容，当事人请求以中标合同作为结算建设工程价款依据的，人民法院应予支持，但发包人与承包人因客观情况发生了在招标投标时难以预见的变化而另行订立建设工程施工合同的除外。"依据上述规定，一般招标文件里附带了合同的，按照招标文件里的合同签署，在订立书面合同时，不应订立与招标投标文件实质性内容不一致的合同内容，否则在产生纠纷时会被认定为无效。

324. 通过支解、划分标段等化整为零的方式规避招标而直接签订的建设工程施工合同应否认定为无效？

问：A 公司为了规避建设工程招标，将该工程划分为 5 项子工程，每项子工程规模都未达到 400 万元，直接与 B 公司签订了建设工程施工合同。请问：该合同是否有效？A公司应当承担什么法律责任？

答：无效。

根据《招标投标法》第四条规定，任何单位和个人不得将依法必须进行招标的项目化整为零或者以其他任何方式规避招标。所以，A公司不得以将一项工程化整为零的形式规避招标手续。建筑工程因规避招标签订的建设工程施工合同无效。依据《招标投标法》第四十九条，必须进行招标的项目而不招标的，将必须进行招标的项目化整为零或者以其他任何方式规避招标的，责令限期改正，可以处项目合同金额0.5%以上1%以下的罚款；对全部或者部分使用国有资金的项目，可以暂停项目执行或者暂停资金拨付；对单位直接负责的主管人员和其他直接责任人员依法给予处分。

325. 强制招标的建设工程项目，在未进行招标投标的情况下，双方经过协商签订合同，后补办招标手续，该合同是否有效？

问：A公司一工程项目属于必须招标的项目，在未进行招标投标的情况下与B公司进行了实质性磋商，签订了《建设工程施工合同》，并将该项目交由B公司施工，后期又补办了招标手续。请问：该《建设工程施工合同》是否有效？

答：无效。

《招标投标法》第五十五条规定："依法必须进行招标的

项目，招标人违反本法规定，与投标人就投标价格、投标方案等实质性内容进行谈判的，给予警告，对单位直接负责的主管人员和其他直接责任人员依法给予处分。前款所列行为影响中标结果的，中标无效。"《最高人民法院关于审理建设工程施工合同纠纷案件适用法律问题的解释（一）》第一条第一款规定："建设工程施工合同具有下列情形之一的，应当依据民法典第一百五十三条第一款的规定，认定无效：……（三）建设工程必须进行招标而未招标或者中标无效的……"该项目属于强制招标项目的范围，在未进行招标投标的情况下，B公司已经开工，后补办了相关招标投标手续。依照上述法律及司法解释规定，该《建设工程施工合同》因违反法律强制性规定而无效。

第四章　合同的变更

326. 经过招标投标程序签订的合同内容在履行过程中能否变更、解除?

问:《招标投标法》第四十六条禁止招标人和中标人擅自变更合同的实质性内容另行订立其他协议。那么,中标合同在履行过程中是不是一概不能变更,也不能解除?

答:《民法典》规定在履约过程中只要经合同双方当事人协商一致,即可变更合同,但是基于招标采购的特殊性,经过招标程序签订的合同的变更受到严格的限制。如对合同变更不加限制,容易发生招标人与投标人事前串通,先以低价或很高的技术要求中标,之后双方再通过合同变更手段达到变更招标结果的目的。该行为本质上是一种变相规避招标或虚假招标行为,理应被禁止。

当然,如确因不可抗力、情势变更等原因,不变更合同会导致双方当事人利益失衡、显失公平的,或者因设计变更、规划调整、政策变化等原因不变更合同将导致原合同无法履行的,应允许双方变更合同实质性内容。

在合同履行阶段,发生法定或约定解除合同事由的,合同也可解除。

327. 因设计变更增加的工程内容签署补充协议还是必须重新招标？

问：A 国有施工企业中标一政府采购工程项目，成交金额 1500 万元。在项目实施过程中，因设计变更导致金额增加 600 万元，这部分增加的工程内容必须招标还是可以签署补充协议？

答：《招标投标法》第四十六条禁止招标人和中标人对"合同实质性内容"进行变更，其目的就在于防止当事人无正当理由任意变更招标投标文件所确定的实质性内容导致招标投标流于形式。同时，也要保障当事人合同变更权的正当行使。对建设工程而言，由于其一般履约周期长、不确定因素多、技术要求高、设计变更多、受国家政策调控影响大，故实务中确实存在因客观原因导致施工合同实质性条款发生变化的情形。一般只要工程变更具有充分、正当的理由，如因工程设计变更、建设工程规划指标调整、国家政策调整、遇特殊地质情况、不可抗力等因素，发生当事人在订立合同时无法预见、由不可抗力造成、不属于商业风险的重大变化等当事人意志以外的与建设工程有关的客观事实发生变化，导致工程范围、建设工期、工程质量、工程造价等实质性内容的变更，尚不足以对招标投标活动的公平公正产生负面影响，该项变更行为即属于正常行使合同变更权，也无必要将之视为"黑白合同"予以限制。对此，最高人民法院《全国民事审判工作会议纪要》（法办〔2011〕442号）也规定："协议变更合同是法律赋予合同当事人的一项基本权利。建设工程开工后，因设计变更、建设工程规划指标调整等客观原因，发包人与承包人通过补充协议、会议纪要、来往函件、签证等洽商记录形式变更工期、工程价款、工程项目性质的，不应认定为变更中标合同的实质性内容。"因此，本案例中，工程项目因设计变更导致工程价款增加，可以经过协商变更原合同签署补充协议即可。

328. 同一建设工程签订"黑白合同"，工程价款以哪份合同为依据结算？

问：乙公司中标甲公司的一项工程，中标后甲乙双方依据中标结果签订了建设工程施工合同，在合同履行过程中，双方又经协商一致签订了补充协议，合同内容与中标结果不一致，合同价款存在明显差额，最终结算的工程价款如何确定？

答：以中标合同为主。

"黑白合同"通常是指发包人与承包人就同一建设工程签订两份或两份以上实质性内容不一致的合同，其中有一份是中标合同即"白合同"，另一份或多份是与中标合同实质性内容不一致的合同即"黑合同"。《招标投标法》第四十六条第一款规定："招标人和中标人应当自中标通知书发出之日起

30 日内，按照招标文件和中标人的投标文件订立书面合同。招标人和中标人不得再行订立背离合同实质性内容的其他协议。"《招标投标法实施条例》第五十七条第一款也规定："招标人和中标人应当依照《招标投标法》和本条例的规定签订书面合同，合同的标的、价款、质量、履行期限等主要条款应当与招标文件和中标人的投标文件的内容一致。招标人和中标人不得再行订立背离合同实质性内容的其他协议。"依据招标投标结果签订的中标合同即为"白合同"，背离合同实质性内容的其他协议即为"黑合同"。《最高人民法院关于审理建设工程施工合同纠纷案件适用法律问题的解释（一）》第二十二条规定："发包人将依法不属于必须招标的建设工程进行招标后，与承包人另行签订的建设工程施工合同背离中标合同的实质性内容，当事人请求以中标合同作为结算建设工程价款依据的，人民法院应予支持，但发包人与承包人因客观情况发生了在招标投标时难以预见的变化而另行签订的建设工程施工合同的除外。"因此，本案例中，发包人与承包人应以中标合同作为确定双方权利义务的基础，所以应当以"白合同"作为结算依据。

329. 中标合同签订且部分履行后解除，尚未履行的部分是否需要通过重新招标确定新的中标人？

问：某公司有一项工程项目经过招标投标签订了施工合同，该合同履行过程中因中标的施工企业发生严重质量事故，根据合同约定与其解除该合同之后，剩余施工内容还是否需要通过重新招标确定新的承包人？

答：如果在合同履行阶段解除合同，合同尚未履行部分金额达到《必须招标的工程项目规定》《必须招标的基础设施和公用事业项目范围规定》载明的规模标准，属于依法必须招标的项目，应依据剩余工程情况，以及当前的市场情况，重新编制招标文件，再重新招标或者申请采用其他采购方式。不是依法必须招标的项目，招标人（项目业主）可自主决定采购方式，重新选择项目承担方。

330. 中标合同能否变更招标投标文件中关于违约金标准的条款？

问：某公司工程招标文件合同模版的专用条款载明工期延误每天支付违约金 1000 元，实际签订合同时能否填写为工期延误每天支付违约金 10000 元？

答：《招标投标法》第四十六条规定禁止当事人背离"合同实质性内容"另行订立其他协议。"合同实质性内容"应当是影响或决定合同双方当事人基本权利义务的合同条款。违约责任是否属于合同实质性内容，司法实践中存在不同理解。一种观点认为，违约责任的性质是对合同义务不履行或不适当履行时的补救或平衡，而并非合同义务本身，也不影响合同当事人的实体权利义务，因此不宜将违约责任条款认定为中标合同的实质性内容。也有观点认为，根据《招标投标法实施条例》第五十七条第一款规定，招标人和中标人订立的书面合同中的标的、价款、质量、履行期限等主要条款应当与招标文件和中标人的投标文件的内容一致，违约责任就属于合同的主要条款，且涉及当事人的经济利益，故将其确定为"合同实质性内容"比较妥当。鉴于此，为了防范风险，既然招标文件中载明的是工期延误支付违约金1000元，双方签订的合同也应照此约定为妥。

331. 签订的合同与招标文件、投标文件、中标通知书等不一致时，应以哪份文件的内容为准作为履行依据？

问：A 公司中标 B 公司建设工程施工项目，在结算工程价款时，因所签订的建设工程施工合同与招标文件规定的计价方式不一致引发纠纷，应以哪份文件为准进行价款结算？

答：根据《招标投标法》第四十六条规定，招标人和中标人应当自中标通知书发出之日起 30 日内，按照招标文件和中标人的投标文件订立书面合同。招标人和中标人不得再行订立背离合同实质性内容的其他协议。并在该法第五十九条中对违反上述规定的行为设立了相应法律后果。同时，根据《最高人民法院关于审理建设工程施工合同纠纷案件适用法律问题的解释（一）》，当事人签订的建设工程施工合同与招标文件、投标文件、中标通知书载明的工程范围、建设工期、工程质量、工程价款不一致的，应以招标文件、投标文件、中标通知书为准，作为结算工程价款的依据。

综上所述，工程价款属于建设工程合同的实质性内容，若双方背离招标投标文件，另行约定工程价款计价方式，仍应当以招标文件、投标文件、中标通知书中确认的计价方式进行工程价款结算。

第五章　合同的履行

332. 承接劳务分包项目后可以再进行劳务分包吗?

问：某国有施工企业承接某线路迁改项目的劳务作业内容，由于施工人员不足，是否可以将承接的劳务分包内容再分包?

答：不可以。

根据《建筑工程施工发包与承包违法行为认定查处管理办法》第十二条第（五）项规定，"专业作业承包人将其承包的劳务再分包的"属于违法分包行为，该国有施工企业应组织自有工人完成全部劳务作业内容，不得再分包。

333. 能否将提供施工模板材料列入木工施工劳务分包范围?

问：某国有施工企业中标某工程，施工项目部发现施工模板周转次数严重不足，损耗太大，为控制施工成本，能否将模板材料一同分包给木工施工劳务公司?

答：不可以。

根据《建筑工程施工发包与承包违法行为认定查处管理

办法》第十二条第（六）项规定，"专业作业承包人除计取劳务作业费用外，还计取主要建筑材料款和大中型施工机械设备、主要周转材料费用的"属于违法分包行为，该国有施工企业不得将模板周转材料费分包给劳务公司。

334. 指定分包模式下，工程质量存在问题的，总承包单位应承担连带责任还是过错责任？

问：《建筑法》第五十五条规定"建筑工程实行总承包的，工程质量由工程总承包单位负责，总承包单位将建筑工程分包给其他单位的，应当对分包工程的质量与分包单位承担连带责任。分包单位应当接受总承包单位的质量管理。"《最高人民法院关于审理建设工程施工合同纠纷案件适用法律问题的解释（一）》第十三条规定，发包人指定分包，造成建设工程质量缺陷，承包人有过错的，应承担相应的过错责任。指定分包模式下，工程质量存在缺陷的，总承包单位到底应当承担何种法律责任？

答：指定分包不同于传统意义上的分包，该种模式下要求总承包单位按照《建筑法》规定承担连带责任不甚妥当，应按照《最高人民法院关于审理建设工程施工合同纠纷案件适用法律问题的解释（一）》的规定承担过错责任才更为合理。

《建筑法》第二十九条第一款规定"建筑工程总承包单位可以将承包工程中的部分工程发包给具有相应资质条件的分

包单位……"也就是说，要求总承包单位承担连带责任的前提条件是分包单位是由总承包单位选择的。甲方指定分包意味着甲方承担了对分包选任的责任和风险，而对于通常的分包而言，总承包单位承担连带责任的原因恰恰在于对分包人的选择。因此，甲方指定分包的情况下，风险和责任发生了转移，总承包单位仅在有过错的情况下才承担责任。此时要求其按照《建筑法》规定承担连带责任，不甚公平。

335. 劳务分包中能包含主要施工材料、大中型施工机械设备吗？

问：某些施工总承包单位或专业承包单位在劳务分包过程中，将主要建筑材料、大中型施工机械设备、主要周转材料放在分包范围之内，如此操作是否合适？

答：上述案例做法不合理。

所谓劳务分包，又称为劳务作业分包，是指施工总承包企业或者专业承包企业将其承包工程中的劳务作业发包给劳务分包企业完成的行为。劳务作业分包的最大特征就是提供劳动力。《建筑工程施工发包与承包违法行为认定查处管理办法》第十二条第（六）项规定"作业专业承包人（注：同劳务作业承包人）除计取作业费用外，还计取主要建筑材料款和大中型施工机械设备、主要周转材料费用的"属于违法分包情形，也就是通常所说的"假借劳务分包之名，行违法分包之实"，实践中主要表现为要求劳务作业承包人包工包料、提供大中型施工机械设备或租赁、提供相关技术管理人员等。

需要注意的是，实践中可允许劳务作业承包人"包工包辅材"或提供小型机具，各地法院的判例也支持这种做法。

336. 招标文件规定禁止分包的，投标人能否进行"劳务作业分包"？

问：某施工总承包项目，招标文件中第二章投标人须知规定不允许分包。评标过程中，发现投标人 A 在投标文件"拟分包项目情况表"中对主体工程的木工、钢筋工、水电工等劳务作业进行了分包。请问：评标委员会是否应当对该投标人的投标文件予以否决？

答：评标委员会不应否决投标人 A 的投标文件。

《房屋建筑和市政基础设施工程施工分包管理办法》第五条规定"房屋建筑和市政基础设施工程施工分包分为专业工程分包和劳务作业分包"。所谓专业分包，又称为专业工程分包，是指施工总承包人将其所承包工程中的专业工程承包给具有相应资质的其他建筑企业完成的活动。所谓劳务分包，又称为劳务作业分包，是指施工总承包企业或者专业承包企业将其承包工程中的劳务作业发包给劳务分包企业完成的行为。

《招标投标法》第四十八条第二款规定"中标人按照合同约定或者经招标人同意，可以将中标项目的部分非主体、非关键性工作分包给他人完成。接受分包的人应当具备相应的资格条件，并不得再次分包"，总承包单位将非主体、非关键性工作分包给他人完成的应符合上述规定，法条中提及的分包是指专业工程分包。

本案例中，招标文件中第二章投标人须知规定的不允许分包是指不允许专业工程分包，并不指向或包括劳务作业分包，故劳务分包不需要取得发包单位的认可。

337. 挂靠情形下签订的施工合同是否有效？如何结算？

问：A 建筑公司挂靠于一资质较高的 B 建筑公司，以 B 建筑公司名义承揽了一项工程，并与建设单位 C 公司签订了施工合同。但在施工过程中，由于 A 建筑公司的实际施工技术力量和管理能力都较差，造成了工程进度的延误和一些工程质量缺陷。C 公司以 A 建筑公司挂靠为由，不予支付余下的工程款。A 建筑公司以 B 建筑公司名义将 C 公司告上了法庭。请问：

（1）A 建筑公司以 B 建筑公司名义与 C 公司签订的施工合同是否有效？

（2）C 公司是否应当支付余下的工程款？

答：问题（1）：该施工合同无效。依据《最高人民法院关于审理建设工程施工合同纠纷案件适用法律问题的解释（一）》第一条的规定："建设工程施工合同具有下列情形之一的，应当依据《民法典》第一百五十三条第一款的规定，认定无效：……（二）没有资质的实际施工人借用有资质的建筑施工企业名义的……"

问题（2）：为无效合同的价款结算问题。根据《民法典》第一百五十七条、第七百九十三条第一款的规定，建设工程施工合同无效，但建设工程经验收合格的，发包人可以参照合同关于工程价款的约定折价补偿承包人。经验收不合格的，处理方法可参照《民法典》第七百九十三条规定："……建设工程施工合同无效，且建设工程经验收不合格的，按照以下情形处理：（一）修复后的建设工程经验收合格的，发包人可以请求承包人承担修复费用。（二）修复后的建设工程经验收不合格的，承包人无权请求参照合同关于工程价款的约定折价补偿。发包人对因建设工程不合格造成的损失有过错的，应当承担相应的责任。"

338. 施工合同约定工程款支付以政府部门审核作为条件是否有效？

问：甲公司竞标成为乙公司工程项目承包方，双方所签施工合同约定工程款支付流程为甲公司提交工程及竣工材料，由乙公司初审后送政府审计部门审计。两年后工程竣工，政府审计部门仍未对工程结算进行审计，后甲公司诉请乙公司支付工程款。那么，工程款支付以政府部门审核作为条件是否有效？

答：甲乙签订的合同约定支付工程款条件，使得甲公司实现其工程款债权完全取决于乙公司是否积极促进政府审计部门进行审计，其实质是由乙公司自己决定是否履行给付工程款义务，将自己一方风险转嫁给甲公司，剥夺了甲公司合法主张工程款的权利。在政府审计部门未作出结论前，甲公司将始终无法行使对乙公司的工程款债权，违反了《民法典》第五百零九条"当事人应当按照约定全面履行自己的义务。当事人应当遵循诚信原则，根据合同的性质、目的和交易习惯履行通知、协助、保密等义务"规定的诚信原则，故以"经政府审计部门审计"作为支付工程款条件的约定无效。

339. 工程设计项目招标人欲采用未中标人的技术方案，是否允许？

问：某工程建设项目设计招标，招标人在确定中标人后，又觉得其中一个未中标人的技术方案更加成熟，欲采用其方案，是否允许？

答：《工程建设项目勘察设计招标投标办法》第四十五条规定："招标人或者中标人采用其他未中标人投标文件中技术方案的，应当征得未中标人的书面同意，并支付合理的使用费。"因此，允许招标人采用未中标人的技术方案，但需要征得其书面同意，并支付合理的使用费。

340. 拥有施工总承包资质的企业能否进行专业工程承包？

问：某采购项目需要对应的专业承包资质，但投标人只提供了总承包资质（该总承包资质覆盖范围包括专业承包工程内容），招标人是否认可其提供的总承包资质符合招标项目的资质要求？

答：如果是以专业承包资质单独发包的工程，总承包资质不可以做专业承包项目，除非同时具有该专业工程承包资质。

根据《建筑业企业资质标准》中业务范围的相关规定，取得施工总承包资质的企业可以对所承接的施工总承包工程内各专业工程全部自行施工，也可以将专业工程依法进行分包。没有专业承包资质的专业工程单独发包时，应由取得相应专业承包资质的企业承担。也就是说，总承包资质和专业承包资质不存在覆盖关系，只拥有施工总承包资质的企业不能承揽设有相应资质的专业工程。

因此，如果项目是以专业承包资质单独发包的，具有总承包资质的投标人就不能做该项目的专业承包。

341. 中标人因履约不能解除合同后能否由其推荐厂商完成未完结任务？

问：某公司有一个柴油采购项目，之前通过公开招标方式确定中标人并签订协议。但是原中标人因危化品许可证无法续期，导致履约不能。就剩余期限柴油供应，该公司意图直接委托给原中标人推荐的另一家单位履行，这样可以吗？

答：柴油供应不属于《招标投标法》第三条规定的依法必须招标的项目，原合同解除以后，剩余期限的柴油供应项目，应当根据该公司的采购制度办理，可以直接委托其他单位承担。如具有竞争性且采购金额大、需求不紧急、采购时间允许，建议通过招标、竞争性谈判等方式采购。

第八篇

▼

招标投标异议和投诉

第一章 异议前置

342. 投标人认为招标人代表、评标专家组成违规可以向招标人提出异议吗？

问：投标人如认为招标人代表、评标专家组成违规，能否先向招标人提出异议再向监督部门投诉？

答：可以。

《招标投标法实施条例》第六十条第二款规定，就资格预审文件或者招标文件、开标和评标结果不满的，应当先向招标人提出异议，也就是我们常说的"异议前置"。如果不先通过异议程序直接向监督部门投诉，属于《工程建设项目招标投标活动投诉处理办法》第十二条规定的不予受理的情形。而本案例中对"招标人代表、评标专家组成不满"不属于前述异议前置范围，投标人可以向招标人提出异议，也可以直接依法向有关行政监督部门投诉。

343. 投标人就同一问题反复提出异议，招标人如何应对？

问：某招标项目在中标候选人公示期间，招标人对投标人提出的异议随即作出答复，但投标人就同一问题反复提出异议，招标人该如何应对？

答：招标人可不予受理，招标投标活动可继续进行。

《招标投标法实施条例》第五十四条规定"投标人或者其他利害关系人对依法必须进行招标的项目的评标结果有异议的，应当在中标候选人公示期间提出。招标人应当自收到异议之日起 3 日内作出答复；作出答复前，应当暂停招标投标活动"。本案例中招标人接到异议后，随即作出答复，符合前述规定，答复完成后，招标投标活动可继续进行。

招标人对投标人和其他利害关系人提出的异议作出答复后，投标人和其他利害关系人在异议期内依然存在同样异议的，应当根据《招标投标法实施条例》第六十条规定向有关行政监督部门投诉，不应当就同样的问题反复提出同样的异议，影响工作效率。至于投标人对答复不满意就同一问题反复提出异议的，招标人可不予受理。

344. 投标人对招标人的异议答复不满意该如何处理？

问：某招标项目在中标候选人公示期间，招标人对投标人所提异议答复敷衍了事，投标人对此十分不满，但就同一问题再次讨要说法时，招标人拒绝再答复，投标人该怎么办？

答：投标人可以向有关行政监督部门投诉。

《招标投标法实施条例》第六十条第一款规定："投标人或者其他利害关系人认为招标投标活动不符合法律、行政法规规定的，可以自知道或者应当知道之日起 10 日内向有关行政监督部门投诉。投诉应当有明确的请求和必要的证明材料。"招标人对投标人和其他利害关系人提出的异议作出答复后，投标人和其他利害关系人在异议期内依然存在同样异议的，应当根据《招标投标法实施条例》第六十条规定向有关行政监督部门投诉。

345. 在中标候选人公示期间对开标提出异议是否允许？

问：某招标项目采用远程在线方式开标，投标人 A 未参与在线开标。中标候选人公示后，投标人 A 怀疑自己的投标文件在开标前被拆封，泄露了报价，遂对此提出异议。投标人这种做法是否合理？

答：不合理。

《招标投标法实施条例》第四十四条第三款规定："投标人对开标有异议的，应当在开标现场提出，招标人应当当场作出答复，并制作记录。"《招标投标法实施条例》第五十四条第二款规定："投标人或者其他利害关系人对依法必须进行招标的项目的评标结果有异议的，应当在中标候选人公示期间提出。"法律赋予了投标人针对不同情形提出异议的权利，但是同时对提出异议的时间段作出了限制。投标人对开标存在异议的，只能在开标现场提出。投标人 A 直至中标候选人公示期间才对开标情况提出异议，超过了法律中规定的对开标提出异议的时间要求，招标人可以不予处理。

346. 投标人未在法定期限内提出异议，但异议内容属实，该招标还有效吗？

问：某依法必须招标的项目，投标人 A 在中标候选人公示期间提出异议，称本项目招标文件中明确限定了货物品牌，属于以不合理的条件限制、排斥投标人。经调查，异议内容属实。但招标人认为投标人 A 就招标文件内容提出异议的时间已超出法律规定的期限，异议无效。请问：此种情况下招标还有效吗？

答：本案例中的招标人违反了《招标投标法》第十八条第二款"招标人不得以不合理的条件限制或者排斥潜在投标人"、《招标投标法》第二十条"招标文件不得要求或者标明特定的生产供应者"以及《建筑法》第二十五条"按照合同约定，建筑材料、建筑构配件和设备由工程承包单位采购的，发包单位不得指定承包单位购入用于工程的建筑材料、建筑构配件和设备或者指定生产厂、供应商"的规定。招标文件限制品牌的行为将导致本可以参加投标竞争的投标人未能参加，会对中标结果造成实质性影响，且进入中标候选人公示阶段，无法采取补救措施纠正招标文件中不合法的内容。

根据《招标投标法实施条例》第八十一条"依法必须进行招标的项目的招标投标活动违反招标投标法和本条例的规定，对中标结果造成实质性影响，且不能采取补救措施予以纠正的，招标、投标、中标无效，应当依法重新招标或者评标"的规定，虽然本案例中对招标文件的异议未在规定期限内提出，但并不影响本次招标无效的事实。

347. 招标代理机构可以处理招标投标异议吗？

问：某招标项目的投标人对异议答复不满，以招标代理机构无权处理投标异议为由申请投诉。那么，招标代理机构是否有权处理招标投标异议？

答：视代理合同是否约定而定。

《招标投标法》第六十五条规定："投标人和其他利害关系人认为招标投标活动不符合本法有关规定的，有权向招标人提出异议或者依法向有关行政监督部门投诉。"《招标投标法》第十五条规定："招标代理机构应当在招标人委托的范围内办理招标事宜，并遵守本法关于招标人的规定。"可见，招标人是法定的处理投标异议的主体，招标代理机构是基于与招标人之间的委托代理关系处理招标事宜。因此，如果招标代理合同、招标文件对代理机构处理招标投标异议事宜已作明确约定，那么代理机构基于招标人的委托授权来处理异议是依法合规的。

348. 投标人对评标结果有异议，可以申请查看评标监控录像视频吗？

问：某工程招标项目，在中标候选人公示期间，投标人A对评标结果提出异议，并要求查看评标监控视频，招标人能否予以拒绝？

答：招标人应予拒绝。

《招标投标法》第三十七条第五款规定："评标委员会成员的名单在中标结果确定前应当保密。"中标候选人公示期间还没有确定最终的中标人，此时评标委员会成员名单还处于保密阶段，招标人应当采取必要的保密措施。如果此时让投标人查看评标监控视频，则可能会泄露评标委员会成员名单，违反上述法条。因此，招标人应当拒绝投标人查看评标监控录像视频的请求，但是需要对投标人提出的异议内容作出答复，投标人 A 如果对异议答复不满意，可以在 10 日内向有关行政监督部门提出投诉。

《招标投标法实施条例》第六十二条第一款规定："行政监督部门处理投诉，有权查阅、复制有关文件、资料，调查有关情况，相关单位和人员应当予以配合。必要时，行政监督部门可以责令暂停招标投标活动。"根据上述法条，如果是行政监督部门要求查看现场的视频资料，包括评分细节、现场录音等，招标人应当予以配合。

349. 潜在投标人对招标文件提出异议，招标人需要将异议和答复通知所有潜在投标人吗？

问：某国有企业工程招标项目的招标文件发售期间，有潜在投标人 A 公司对招标文件中的投标人资质要求提出异议，认为资质设置过高。招标人核实之后，认为该项目招标文件设置的资质要求合理，与招标项目范围、规模等相适应，A

公司提出的异议是无效的。那么，招标人对该异议进行答复时，需要将异议和答复通知所有潜在投标人吗？

答：《招标投标法实施条例》第二十二条规定："潜在投标人或者其他利害关系人对资格预审文件有异议的，应当在提交资格预审申请文件截止时间 2 日前提出；对招标文件有异议的，应当在投标截止时间 10 日前提出。招标人应当自收到异议之日起 3 日内作出答复；作出答复前，应当暂停招标投标活动。"据此，上述案例中的招标人应当在收到异议后 3 日内对 A 公司作出答复，并不要求将异议和答复通知其他潜在投标人。

350. 异议和投诉期间暂停招标投标活动吗？

问：某公司对某工程施工招标第一中标候选人结果不满意，正在进行异议和投诉，这期间招标投标活动会暂停吗？

答：《招标投标法实施条例》第五十四条第二款规定，投标人或者其他利害关系人对依法必须进行招标的项目的评标结果有异议的，应当在中标候选人公示期间提出。招标人应当自收到异议之日起 3 日内作出答复；作出答复前，应当暂停招标投标活动。因此，异议答复前应当暂停招标投标活动。

《工程建设项目招标投标活动投诉处理办法》第十八条规定，行政监督部门处理投诉，有权查阅、复制有关文件、资料，调查有关情况，相关单位和人员应当予以配合。必要时，行政监督部门可以责令暂停招标投标活动。因此，投诉期间不必然暂停招标投标活动。

第二章　投诉

351. 招标投标纠纷可以直接向人民法院提起诉讼吗？

问：某公司参加某工程施工项目投标没有中标，现在中标的施工单位已经进场施工了。其他投标人有证据证明中标人 A 公司投标使用的业绩证明资料是伪造的，能不能向法院起诉，要求取消施工合同或者要求重新招标？

答：关于工程建设项目招标投标权利救济的方式，《招标投标法》第六十五条、《招标投标法实施条例》第六十条以及《工程建设项目招标投标活动投诉处理办法》有明确的规定，概括起来就是投标人和其他利害关系人认为招标投标活动不符合法律规定的，有权向招标人提出异议或者依法向有关行政监督部门投诉；但对资格预审文件或招标文件、开标和评标结果的投诉，应当先向招标人提出异议。同时，按照《民事诉讼法》第一百二十二条、第一百二十七条等规定，依照法律规定应当由其他机关处理的争议，人民法院应告知原告向有关机关申请解决，驳回起诉。因而，本案例中所述争议不能直接向人民法院起诉。

352.按照《招标投标法》的规定，谁是适格的投诉主体？

问：A 单位虚假招标，采取先确定中标单位再变更工程内容的做法，与 B 单位签订"阴阳合同"，作为该项目的投标人 C 公司是否有权投诉？D 公司是 A 单位的市场竞争者，是否可以投诉？

答：《工程建设项目招标投标活动投诉处理办法》第三条规定，投标人或者其他利害关系人认为招标投标活动不符合法律、法规和规章规定的，有权依法向有关行政监督部门投诉。前款所称其他利害关系人是指投标人以外的，与招标项目或者招标活动有直接和间接利益关系的法人、其他组织和自然人。因此，投诉主体可以是投标人或者是与本建设工程项目有关的其他利害关系人。本案例中，C 公司作为该项目的投标人，可以向有关机构进行投诉；D 公司既不是本项目的投标人也不是本项目的利害关系人，不具备投诉资格。

353.按照《招标投标法》的规定，谁是适格的投诉受理主体？

问：A 公司作为投标人在 B 公司的某房屋建设工程建设项目中参与投标，在投标过程中发现 B 公司向 C 公司泄露标底，A 公司可以向哪个部门投诉？

答：A 公司可以向建设行政主管部门投诉。

《工程建设项目招标投标活动投诉处理办法》第三条规定:"投标人或者其他利害关系人认为招标投标活动不符合法律、法规和规章规定的,有权依法向有关行政监督管理部门投诉。"《工程建设项目招标投标活动投诉处理办法》第四条规定:"各级发展改革、工业和信息化、城乡住房建设、水利、交通运输、铁道、商务、民航等招标投标活动行政监督部门,依照《国务院办公厅印发国务院有关部门实施招标投标活动行政监督的职责分工的意见的通知》(国办发〔2000〕34 号)和地方各级人民政府规定的职责分工,受理投诉并依法做出处理决定。对国家重大建设项目(含工业项目)招标投标活动的投诉,由国家发展改革委受理并依法做出处理决定……"

《国务院办公厅印发国务院有关部门实施招标投标活动行政监督的职责分工的意见的通知》(国办发〔2000〕34 号)第三条规定:"对于招标投标过程(包括招标、投标、开标、评标、中标)中泄露保密资料、泄露标底、串通招标、串通投标、歧视排斥投标等违法活动的监督执法,按现行的职责分工,分别由有关行政主管部门负责并受理投标人和其他利害关系人的投诉。按照这一原则……各类房屋建筑及其附属设施的建造和与其配套的线路、管道、设备的安装项目和市政工程项目的招标投标活动的监督执法,由建设行政主管部门负责……"

本案例中,对属于房屋建筑工程招标投标活动提出的投诉,按照上述规定,应当由住房和城乡建设主管部门受理。

354. 哪些情形下的投诉事项行政监督部门不予受理？

问：对当事人提出的工程建设项目招标投标投诉，在哪些情形下，行政监督部门可以不予受理？

答：根据《工程建设项目招标投标活动投诉处理办法》第十二条规定，"有下列情形之一的投诉，不予受理：（一）投诉人不是所投诉招标投标活动的参与者，或者与投诉项目无任何利害关系。（二）投诉事项不具体，且未提供有效线索，难以查证的。（三）投诉书未署具投诉人真实姓名、签字和有效联系方式的；以法人名义投诉的，投诉书未经法定代表人签字并加盖公章的。（四）超过投诉时效的。（五）已经作出处理决定，并且投诉人没有提出新的证据。（六）投诉事项应先提出异议没有提出异议、已进入行政复议或行政诉讼程序的"。

355. 投标人或者其他利害关系人对评标结果有异议的，是否可以直接向招标投标行政监督部门投诉？

问：某铁路工程项目经评标委员会评审，确定中标人为A公司，投标人B公司认为其业绩优于A公司，对评标结果有异议，B公司在中标候选人公示期间，是否可以直接向有关行政监督部门投诉？

答：不可以直接向有关行政监督部门投诉，应先向招标人提出异议。

根据《招标投标法实施条例》第六十条规定，投标人或者其他利害关系人认为招标投标活动不符合法律、行政法规规定的，可以自知道或者应当知道之日起 10 日内向有关行政监督部门投诉。投诉应当有明确的请求和必要的证明材料。但是对于资格预审文件和招标文件内容及开标和评标结果进行投诉的，应当先向招标人提出异议，对异议处理结果不满意或者招标人在规定时间内未答复的，投诉人才可以向招标投标行政监督部门投诉。这就是针对资格预审文件、招标文件内容及开标活动和评标结果的投诉确立的异议前置程序。投诉人不得就上述三类事项越过异议程序直接投诉，否则该投诉不予受理。

356. 未先提出异议的投诉事项，是否可以受理？

问：A 区建设投资集团（国有企业）投资的某新能源基础设施工程中标公示期结束后，投标人甲就该项目评标专家未在省综合评标专家库中抽取而提交书面投诉，要求重新组建评标委员评标。监管部门认为这是对评标结果的投诉，遂以公示期内未收到该投标人提出的异议为由，不予受理。该处理是否妥当？

答：本案例中监管部门的处理意见不妥，对评标委员会组成的投诉不受异议前置条件约束，可以在法定期限内直接进行投诉。

《招标投标法实施条例》第六十条第二款提出了"异议

前置"的投诉条件，但仅限于针对招标文件（资格预审文件）内容、开标以及评标结果（中标候选人公示）。结合《工程建设项目招标投标活动投诉处理办法》第十二条明确的投诉不予受理情形，投诉事项应先提出异议没有提出异议的，不予受理。针对招标投标其他程序或事项的投诉不受上述约束，投标人或者其他利害关系人可以自知道或者应当知道之日起10日内向有关行政监督部门投诉。

针对本案例的投诉，监管部门应当按照《工程建设项目招标投标活动投诉处理办法》第七条、第十一条规定，在3个工作日内审查投诉书及有关证明材料。评标专家是否须在省综合评标专家库中抽取，按照《招标投标法实施条例》第四十六条以及《评标专家和评标专家库管理暂行办法》第五条，则要看项目投资是否达到必须进行招标的规模标准，是否属于依法必须进行招标项目，其次投诉书内容应符合要求，在规定期限内提起的投诉应决定受理，收到投诉书之日即为正式受理。

357. "被废标"的投标人还有权投诉评标结果吗？

问：在评审过程中，被否决投标的投标人有权对评标结果提出异议和投诉吗？

答：当然可以。

《招标投标法实施条例》第六十条第一款规定，投标人或者其他利害关系人认为招标投标活动不符合法律、行政法规规定的，可以自知道或者应当知道之日起 10 日内向有关行政监督部门投诉。《工程建设项目招标投标活动投诉处理办法》第三条第一款规定，投标人或者其他利害关系人认为招标投标活动不符合法律、法规和规章规定的，有权依法向有关行政监督部门投诉。

按照前述规定，投诉主体包括投标人、其他利害关系人。《招标投标法》规定投标人是指响应招标、参加投标竞争的法人或者其他组织。因此，无论投标人在评审过程中是否被否决投标，均有权提起投诉。

358. 暂停招标投标活动后投标有效期自动顺延吗？

问：行政监督部门受理投诉后决定暂停招标投标活动的，投标有效期是否也自动暂停？如果投诉处理决定没有改变评标结果，但是已经超出投标有效期了，如何处理？

答：投标有效期是投标文件保持有效的限期。投标文件是向招标人发出的要约，按照《民法典》合同编有关承诺期限的规定，投标有效期是招标人对投标人发出的要约作出承诺的期限。投标人承诺的投标有效期是对招标文件的响应，不因行政机关决定暂停招标投标而"暂停"。招标投标活动的暂停影响到投标有效期或者签订合同的期限的，招标人应当顺延投标有效期或者签订合同的期限，因暂停导致投标有效期届满的，由招标人承担相应的法律后果。是否延长投标有效期，应由招标人和投标人按照《工程建设项目施工招标投标办法》第二十九条第二款规定办理。

本案例中，如行政机关投诉处理决定未改变评标结果，但是招标人又未在投标有效期内发出中标通知书，则招标失败。

359. 协助调查时间是否计算在投诉处理期限内？

问：行政机关处理招标投标投诉过程中，向其他部门协助调查所需时间、会同相关部门开会讨论等时间是否计算在投诉办理期限内？

答：《工程建设项目招标投标活动投诉处理办法》第二十一条规定，负责受理投诉的行政监督部门应当自受理投诉之日起 30 个工作日内，对投诉事项作出处理决定，并以书面形式通知投诉人、被投诉人和其他与投诉处理结果有关的当事人。需要检验、检测、鉴定、专家评审的，所需时间不计算在内。因此，按照上述规定只有检验、检测、鉴定、专家评审所需时间不计算在投诉办理期限内，其他事项应计算在投诉处理时间之内。

360. 当事人对投诉处理决定不服如何进行法律救济？

问：招标投标活动的当事人，不管是投诉人还是被投诉人，因为投诉处理决定对其利益有影响，对投诉处理决定不服的，还可以采取哪些法律救济手段维护自己的权益？

答：行政机关受理投诉事项作出投诉处理决定属于行政

行为，招标人、投标人或其他利害关系人等招标投标活动的当事人对投诉处理决定不服时，可以依据《行政复议法》《行政诉讼法》申请行政复议、提起行政诉讼，要求行政复议机关、人民法院纠正错误的投诉处理决定，来维护自己的权益。

附　录

国有企业招标投标常用法律法规名录

一、综合

1. 中华人民共和国民法典

（2020 年 5 月 28 日第十三届全国人民代表大会第三次会议通过）

2. 中华人民共和国招标投标法

（1999 年 8 月 30 日第九届全国人民代表大会常务委员会第十一次会议通过，根据 2017 年 12 月 27 日第十二届全国人民代表大会常务委员会第三十一次会议《关于修改〈中华人民共和国招标投标法〉、〈中华人民共和国计量法〉的决定》修正）

3. 中华人民共和国招标投标法实施条例

（2011 年 12 月 20 日国务院令第 613 号公布，根据 2017 年 3 月 1 日国务院令第 676 号《关于修改和废止部分行政法规的决定》第一次修订，根据 2018 年 3 月 19 日国务院令第

698 号《关于修改和废止部分行政法规的决定》第二次修订，根据 2019 年 3 月 2 日国务院令第 709 号《国务院关于修改部分行政法规的决定》第三次修订）

4. 必须招标的工程项目规定

（2018 年 3 月 8 日国函〔2018〕56 号《国务院关于〈必须招标的工程项目规定〉的批复》批准，2018 年 3 月 27 日国家发展和改革委员会令第 16 号公布）

5. 必须招标的基础设施和公用事业项目范围规定

（发改法规规〔2018〕843 号，2018 年 6 月 6 日国家发展和改革委员会发布）

6. 国家发展改革委办公厅关于进一步做好《必须招标的工程项目规定》和《必须招标的基础设施和公用事业项目范围规定》实施工作的通知

（发改办法规〔2020〕770 号，2020 年 10 月 19 日国家发展和改革委员会办公厅发布）

7. 工程建设项目申报材料增加招标内容和核准招标事项暂行规定

（2001 年 6 月 18 日国家发展计划委员会令第 9 号公布，

根据 2013 年 3 月 11 日国家发展和改革委员会等九部委令第 23 号修订）

8.招标公告和公示信息发布管理办法

（2017 年 11 月 23 日国家发展和改革委员会令第 10 号公布）

9.工程建设项目自行招标试行办法

（2000 年 7 月 1 日国家发展计划委员会令第 5 号公布，根据 2013 年 3 月 11 日国家发展和改革委员会等九部委令第 23 号修订）

10.评标委员会和评标方法暂行规定

（2001 年 7 月 5 日国家发展计划委员会、国家经济贸易委员会、建设部、铁道部、交通部、信息产业部、水利部令第 12 号公布，根据 2013 年 3 月 11 日国家发展和改革委员会等九部委令第 23 号修订）

11.评标专家和评标专家库管理暂行办法

（2003 年 4 月 1 日国家发展计划委员会令第 29 号公布，根据 2013 年 3 月 11 日国家发展和改革委员会等九部委令第 23 号修订）

12. 电子招标投标办法

（2013 年 2 月 4 日国家发展和改革委员会、工业和信息化部、监察部、住房和城乡建设部、交通运输部、铁道部、水利部、商务部令第 20 号公布）

13. 招标投标领域规则

（2024 年 3 月 25 日国家发展和改革委员会、工业和信息化部、住房和城乡建设部、交通运输部、水利部、农业农村部、商务部、国家市场监督管理总局令第 16 号公布）

14. 国家发展改革委等部门关于严格执行招标投标法规制度进一步规范招标投标主体行为的若干意见

（发改法规规〔2022〕1117 号，2022 年 7 月 18 日国家发展和改革委员会、工业和信息化部、公安部、住房和城乡建设部、交通运输部、水利部、农业农村部、商务部、审计署、广电总局、国家能源局、国家铁路局、民航局发布）

15. 国家发展改革委等部门关于完善招标投标交易担保制度进一步降低招标投标交易成本的通知

（发改法规〔2023〕27 号，2023 年 1 月 6 日国家发展和改革委员会、工业和信息化部、住房和城乡建设部、交通运输部、水利部、农业农村部、商务部、国务院国资委、广电

总局、银保监会、能源局、铁路局、民航局发布）

16. 工业和信息化部、国家发展改革委、国务院国资委关于支持首台（套）重大技术装备平等参与企业招标投标活动的指导意见

（工信部联重装〔2023〕127号，2023年8月16日工业和信息化部、国家发展和改革委员会、国务院国有资产监督管理委员会发布）

17. 国家发展改革委办公厅关于规范招标投标领域信用评价应用的通知

（发改办财金〔2023〕860号，2023年10月29日国家发展和改革委员会办公厅发布）

18. 国家发展和改革委员会办公厅、国家市场监督管理总局办公厅关于进一步规范招标投标过程中企业经营资质资格审查工作的通知

（发改办法规〔2020〕727号，2020年9月22日国家发展和改革委员会办公厅、国家市场监督管理总局办公厅发布）

19. 最高人民法院关于审理建设工程施工合同纠纷案件适用法律问题的解释（一）

（法释〔2020〕25号，2020年12月25日由最高人民法

院审判委员会第1825次会议通过，自2021年1月1日起施行）

20. 最高人民法院关于适用《中华人民共和国民法典》合同编通则若干问题的解释

（法释〔2023〕13号，2023年5月23日由最高人民法院审判委员会第1889次会议通过，自2023年12月5日起施行）

21. 国务院办公厅关于创新完善体制机制推动招标投标市场规范健康发展的指导意见

（国办发〔2024〕21号，2024年5月2日国务院办公厅发布）

22. 关于规范中央企业采购管理工作的指导意见

（国资发改革规〔2024〕53号，2024年7月18日国务院国资委、国家发展和改革委员会发布）

二、工程建设项目招标投标

23. 工程建设项目勘察设计招标投标办法

（2003年6月12日国家发展和改革委员会、建设部、铁道部、交通部、信息产业部、水利部、中国民用航空总局、国家广播电影电视总局令第2号公布，根据2013年3月11日国家发展和改革委员会等九部委令23号修订）

24. 工程建设项目施工招标投标办法

（2003 年 3 月 8 日国家发展计划委员会、建设部、铁道部、交通部、信息产业部、水利部、中国民用航空总局令第 30 号公布，根据 2013 年 3 月 11 日国家发展和改革委员会等九部委令第 23 号修订）

25.《标准施工招标资格预审文件》和《标准施工招标文件》暂行规定

（2007 年 11 月 1 日国家发展和改革委员会、财政部、建设部、铁道部、交通部、信息产业部、水利部、中国民用航空总局、广播电影电视总局令第 56 号公布，根据 2013 年 3 月 11 日国家发展和改革委员会等九部委令第 23 号修订）

26. 工程建设项目货物招标投标办法

（2005 年 1 月 18 日国家发展和改革委员会、建设部、铁道部、交通部、信息产业部、水利部、中国民用航空总局令第 27 号公布，根据 2013 年 3 月 11 日国家发展和改革委员会等九部委令第 23 号修订）

27. 建筑工程设计招标投标管理办法

（2017 年 1 月 24 日住房和城乡建设部令第 33 号公布）

28. 建筑工程方案设计招标投标管理办法

（建市〔2008〕63 号，2008 年 3 月 21 日住房和城乡建设部发布，根据 2019 年 3 月 18 日建法规〔2019〕3 号《住房和城乡建设部关于修改有关文件的通知修订》）

29. 房屋建筑和市政基础设施工程施工招标投标管理办法

（2001 年 6 月 1 日建设部令第 89 号公布，根据 2018 年 9 月 28 日住房和城乡建设部令第 43 号《关于修改〈房屋建筑和市政基础设施工程施工招标投标管理办法〉的决定》第一次修订，根据 2019 年 3 月 18 日住房和城乡建设部令第 47 号《关于修改部分部门规章的决定》第二次修订）

30. 房屋建筑和市政基础设施项目工程总承包管理办法

（建市规〔2019〕12 号，2019 年 12 月 23 日住房和城乡建设部、国家发展和改革委员会发布）

31. 水利工程建设项目招标投标管理规定

（2001 年 10 月 29 日水利部令第 14 号公布）

32. 水利工程建设项目监理招标投标管理办法

（水建管〔2002〕587 号，2002 年 12 月 25 日水利部发布）

33. 公路工程建设项目招标投标管理办法

（2015 年 12 月 8 日交通运输部令 2015 年第 24 号公布）

34. 铁路工程建设项目招标投标管理办法

（2018 年 8 月 31 日交通运输部令 2018 年第 13 号公布）

35. 通信工程建设项目招标投标管理办法

（2014 年 5 月 4 日工业和信息化部令第 27 号公布）

36. 民航专业工程建设项目招标投标管理办法

（民航规〔2024〕22 号，2024 年 2 月 26 日中国民用航空局发布）

37. 水运工程建设项目招标投标管理办法

（2012 年 12 月 20 日交通运输部令第 11 号公布，根据 2021 年 8 月 11 日交通运输部令第 14 号《关于修改〈水运工程建设项目招标投标管理办法〉的决定》修订）

三、机电产品国际招标投标

38. 机电产品国际招标投标实施办法（试行）

（2014 年 2 月 21 日商务部令第 1 号公布）

39. 进一步规范机电产品国际招标投标活动有关规定

（商产发〔2007〕395 号，2007 年 10 月 10 日商务部发布）

40. 机电产品国际招标综合评价法实施规范（试行）

（商产发〔2008〕311 号，2008 年 8 月 15 日商务部发布）

41. 重大装备自主化依托工程设备招标采购活动的有关规定

（商产发〔2007〕331 号，2007 年 8 月 15 日商务部发布）

42. 机电产品国际招标代理机构监督管理办法（试行）

（2016 年 11 月 16 日商务部令第 5 号公布）

四、其他项目招标投标

43. 前期物业管理招标投标管理暂行办法

（建住房〔2003〕130 号，2003 年 6 月 26 日建设部发布）

44. 委托会计师事务所审计招标规范

（财会〔2006〕2 号，2006 年 1 月 26 日财政部发布）

45. 国有金融企业集中采购管理暂行规定

（财金〔2018〕9号，2018年2月5日财政部发布）

46. 医疗机构药品集中采购工作规范

（卫规财发〔2010〕64号，2010年7月7日卫生部、国务院纠风办、国家发展和改革委员会、监察部、财政部、工商总局、食品药品监管局发布）

五、招标投标监督管理

47. 工程建设项目招标投标活动投诉处理办法

（2004年6月21日国家发展和改革委员会、建设部、铁道部、交通部、信息产业部、水利部、中国民用航空总局令第11号公布，根据2013年3月11日国家发展和改革委员会等九部委令第23号修订）

48. 招标投标违法行为记录公告暂行办法

（发改法规〔2008〕1531号，2008年6月18日国家发展和改革委员会、工业和信息化部、监察部、财政部、住房和城乡建设部、交通运输部、铁道部、水利部、商务部、国务院法制办发布）

49. 铁路建设工程招标投标监管暂行办法

　　（国铁工程监〔2016〕8 号）

50. 关于在招标投标活动中对失信被执行人实施联合惩戒的通知

　　（法〔2016〕285 号）